Dr. Jaerock Lee

God de Heelmeester

URIM BOOKS

[De Here] zei:
"Indien gij aandachtig luistert naar de stem van de HERE, uw God,
en doet wat recht is in zijn ogen,
en uw oor neigt tot zijn geboden en al zijn inzettingen onderhoudt,
zal Ik u geen enkele van de kwalen opleggen,
die Ik de Egyptenaren opgelegd heb;
want Ik, de HERE, ben uw Heelmeester."
(Exodus 15:26)

God de Heelmeester door Dr. Jaerock Lee
Gepubliceerd door Urim Books (Vertegenwoordiger: Kyungtae Noh)
73, Yeouidaebang-ro 22-gil, Dongjak-gu, Seoul, Korea
www.urimbooks.com

Alle rechten voorbehouden. Dit boek of delen van dit boek mogen in geen enkele vorm gekopieerd worden, in een terughaal systeem opgeslagen worden, of geleid worden in enige vorm of met enige betekenis, elektronisch, mechanisch, gekopieerd, opgenomen worden of iets dergelijks, zonder de toegestane schriftelijke goedkeuring van de uitgever.

Tenzij anders vermeld zijn alle Schriftgedeeltes genomen van de Heilige Bijbel, NBG vertaling 1951, ®, Copyright © 1960, 1962, 1963, 1968, 1971, 1972, 1973, 1975, 1977, 1995 door de Lockman Foundation. Gebruikt met toestemming.

Copyright © 2017 door Dr. Jaerock Lee
ISBN: 979-11-263-0257-4 03230
Vertaling Copyright © 2010 door Dr. Esther K. Chung Gebruikt met toestemming.

Voorheen gepubliceerd in het Koreaans door Urim Books in 1992

Eerst uitgave maart 2017

Bewerkt door Dr. Geumsun Vin
Ontworpen door de uitgeverij van Urim Books
Gedrukt door Prione Printing
Voor meer informatie, neem contact op met: urimbook@hotmail.com

Een boodschap over het publiceren

Terwijl de materiële ontwikkeling en voorspoed voortdurend toeneemt en vooruit gaat, zien we dat mensen meer tijd en geld hebben om te spenderen. Bovendien, om een gezonder en aangenamer leven te verkrijgen, spenderen mensen tijd en rijkdom en schenken aandacht aan de verschillende bruikbare informaties.

Omdat het leven, de leeftijd, ziekten en dood van een mens echter onder Gods soevereiniteit vallen, kunnen zij het niet beheersen door de macht van geld of kennis. Bovendien, is het een onweerlegbaar feit dat ondanks de hoge ontwikkeling van de medische wetenschap, geproduceerd door de menselijke kennis, welke door de eeuwen opgestapeld is, is het aantal patiënten dat lijd aan ongeneselijke en terminale ziekten aanzienlijk gestegen.

Door de geschiedenis van de wereld, zijn er talloze mensen geweest met verschillende soorten geloof en kennis – inclusief Boeddha en Confucius – maar zij allen waren stil wanneer zij geconfronteerd werden met de vraag en niemand van hen kon ontkomen aan veroudering, ziekte, en dood. Deze vraag is verbonden met zonden en de reden tot de redding van de mensheid, welke onoplosbaar zijn voor de mensen.

Vandaag de dag zijn er vele ziekenhuizen, en apothekers welke gemakkelijk bereikbaar zijn en ze lijken er zelfs klaar voor te zijn om onze maatschappij ziekte-vrij en gezond te maken. Niettegenstaande, worden onze lichamen en wereld geteisterd met verschillende ziektes van een gewone griep tot ziekten die niet te beschrijven zijn van oorsprong en er is geen enkele mogelijk tot genezing ervan. Mensen zijn dan ook snel in het beschuldigen van het klimaat en de omgeving of zien het al gauw als een normaal en fysiologisch fenomeen, en vertrouwen op de medicijnen en de medische technologie.

Om fundamentele genezing te ontvangen en een gezond leven te leiden, moet een ieder van ons begrijpen waar een ziekte door ontstaat en hoe wij genezing kunnen ontvangen.

Er zijn altijd twee kanten aan het evangelie en de waarheid: voor mensen die hen niet aannemen, zij worden vervloekt en gestraft, terwijl de mensen die het wel aannemen gezegend worden en zullen leven. Het is de wil van God, voor de waarheid om verborgen te blijven voor degene die, net zoals farizeeërs en de schriftgeleerden, zichzelf wijs en intelligent beschouwen, maar het is ook de wil van God dat de waarheid geopenbaard wordt aan degene die als kinderen zijn, ernaar verlangen en hun harten ervoor openen (Lucas 10:21).

God heeft ons overvloedige zegeningen belooft, voor degene die Hem gehoorzamen en leven overeenkomstig Zijn geboden, terwijl Hij ook opgeschreven heeft tot in detail alle vloeken en allerlei soorten ziektes die Hij zal toebrengen aan degene die Zijn geboden niet gehoorzamen (Deuteronomium 28:1-68).

Door Gods woord te herinneren aan de ongelovigen en zelfs aan sommige gelovigen die het niet inzien, zal dit werk zulke personen op de rechte weg van vrijheid van ziekte en kwalen brengen.

Net zoveel als u het Woord van God hoort, leest, begrijpt en tot voedsel maakt, en door de kracht van de God van redding, genezing ontvangt, bid ik dat een ieder van u genezing van ziekte mag ontvangen of ze nu groot of klein zijn en dat gezondheid altijd mag verblijven in u en uw familie, in de naam van onze Heer!

Jaerock Lee

Inhoudsopgave

God de Heelmeester

Een boodschap over het publiceren

Hoofdstuk 1
De oorsprong van ziekte en de stroom van genezing   1

Hoofdstuk 2
Wilt u gezond worden?   13

Hoofdstuk 3
God de Heelmeester   31

Hoofdstuk 4
Door Zijn striemen zijn wij genezen 45

Hoofdstuk 5
De kracht om ziekten te genezen 63

Hoofdstuk 6
Manieren om iemand te genezen die bezeten is 77

Hoofdstuk 7
Naäman, het geloof en de gehoorzaamheid van de melaatse 93

Hoofdstuk 1

De oorsprong van ziekte en de stroom van genezing

Maar voor u,
die mijn naam vreest,
zal de zon der gerechtigheid opgaan,
en er zal genezing zijn onder haar vleugelen;
gij zult uitgaan en springen als kalveren uit de stal.

Maleachi 4:2

1. Een onderliggende oorzaak van ziekte

Mensen verlangen ernaar om een gelukkig en gezond leven te hebben hier op aarde, zij nemen allerlei soorten voedsel die bekend zijn voor de bevordering van hun gezondheid, en ze schenken aandacht en zoeken geheime methodes hiervoor. Ondanks de voortgang van de materiële ontwikkeling en de medische wetenschap, is de realiteit echter dat het lijden aan een ongeneselijke en terminale ziekte niet te voorkomen is.

Kunnen mensen niet vrij zijn van de wanhoop van ziekte gedurende de periode dat zij op aarde is?

De meeste mensen beschuldigen al snel het klimaat en de omgeving of beschouwen ziekte gewoonweg als een natuurlijk of psychologisch fenomeen, en vertrouwen op medicijnen en de medische technologie. Als de bronnen van alle soorten ziektes en kwalen beschreven zijn, kan iedereen er vrij van zijn.

De Bijbel laat ons de fundamentele manieren zien waardoor iemand een leven kan leiden vrij van ziekte, en wanneer iemand zelfs ziek is, zijn er manieren om genezing te ontvangen:

> *[De Here] zei: "Indien gij aandachtig luistert naar de stem van de HERE, uw God, en doet wat recht is in zijn ogen, en uw oor neigt tot zijn geboden en al zijn inzettingen onderhoudt, zal Ik u geen enkele van de kwalen opleggen, die Ik de Egyptenaren opgelegd heb; want Ik, de HERE, ben uw Heelmeester"* (Exodus 15:26).

Dit is het getrouwe woord van God, Die het leven, dood, vloek, en zegeningen van de mens beheerst en dat persoonlijk aan ons geeft.

Wat is ziekte dan, en waarom wordt iemand ermee geïnfecteerd? In medische termen, verwijst "ziekte" naar allerlei soorten onbekwaamheden in verschillende delen van iemands lichaam – een ongewone of abnormale staat van de gezondheid – en wordt meestal ontwikkelt en verspreidt door bacteriën.

In Exodus 9:8-9 staat een beschrijving van een proces waarin de plaag van de zweren over Egypte werd gebracht:

> *En de HERE zeide tot Mozes en Aäron: "Neemt uw handen vol roet uit een smeltoven, en laat Mozes dit in de lucht strooien ten aanschouwen van Farao. Dan zal het tot stof over het gehele land Egypte worden, het zal bij mens en dier in het gehele land Egypte tot zweren worden, die als puisten uitbreken."*

In Exodus 11:4-7, lezen we over de onderscheiding die God maakte tussen het volk Israël en het volk Egypte. Voor de Israëlieten die God aanbaden, waren er geen plagen, terwijl er voor de Egyptenaren die noch God aanbaden noch leefden overeenkomstig Zijn wil, kwam er een plaag over de eerste geborenen.

Door de Bijbel, leren we dat zelfs ziekte onder Gods soevereiniteit valt, dat Hij degene, die Hem vereren beschermt tegen ziekte, en dat ziekte degene binnen zal dringen die zondigen, omdat Hij Zijn aangezicht afkeert van deze mensen.

Waarom, bestaat er dan ziekte en het lijden onder ziekte? Betekent dit dat God, de Schepper ziekte geschapen heeft, tijdens de schepping, zodat mensen zouden leven met de mogelijkheid tot het gevaar van ziek worden? God de Schepper schiep de mens en beheerst alles in het heelal in goedheid, gerechtigheid en liefde.

Na het scheppen van de meest aangename omgeving, voor de mens om te leven (Genesis 1:3-25), schiep God de mens naar Zijn eigen beeld, zegende hen, en stond hen de uiterste vrijheid en autoriteit toe.

Terwijl de tijd verstreek, genoten de mensen van de God-gegeven zegeningen, wanneer zij Zijn geboden gehoorzaamden, en leefden in de Hof van Eden waar er geen tranen, zorgen, en lijden waren. Toen God zag dat alles wat Hij gemaakt had, goed was, (Genesis 1:31), gaf Hij een gebod: *"En de HERE God legde de mens het gebod op: Van alle bomen in de hof moogt gij vrij eten, maar van de boom der kennis van goed en kwaad, daarvan zult gij niet eten, want ten dage, dat gij daarvan eet, zult gij voorzeker sterven"* (Genesis 2:16-17).

Toen de listige slang zag dat de mensen zich niet hielden aan de geboden van God, in hun gedachten, maar zij die negeerden, misleidde de slang Eva, de vrouw van de eerste mens. Toen Adam en Eva aten van de boom van kennis van goed en kwaad, en zondigden (Genesis 3:1-6), zoals God hen had gewaarschuwd, kwam de dood in het leven van de mens (Romeinen 6:23).

Na de zonde van ongehoorzaamheid en toen de mens het loon van de zonde ontving en de dood tegemoet zag, stierf de geest in de mens – zijn meester – ook en bestond er niet langer een relatie tussen de mens en God. Ze werden uit de Hof van Eden verdreven en kregen in hun leven tranen, zorgen, lijden, ziekte en dood. Toen alles op de aardbodem vervloekt werd, produceerde het doornen en distels, en enkel door het zweet des aanschijn konden zij eten verkrijgen (Genesis 3:16-19).

Dus, de onderliggende oorzaak van ziekte is de oorspronkelijke zonde, die voortkwam door de ongehoorzaamheid van Adam. Als Adam niet ongehoorzaam was geweest aan God, zou hij niet uit de Hof van Eden verdreven zijn, maar een gezond leven hebben ten alle tijden. Met andere woorden, door één mens werd iedereen een zondaar en moest gaan leven met het gevaar en lijden van allerlei soorten ziekten. Zonder eerst het zonde probleem op te lossen, zal niemand rechtvaardig verklaard worden in Gods ogen door het naleven van de wet (Romeinen 3:20).

2. De zon der gerechtigheid met genezing onder zijn vleugels

Maleachi 4:2 zegt ons dat, *"Maar voor u, die mijn naam vreest, zal de zon der gerechtigheid opgaan, en er zal genezing zijn onder haar vleugelen; gij zult uitgaan en springen als kalveren uit de stal."* Hier verwijst "de Zon der gerechtigheid" naar de Messias.

God had medelijden met de mensheid, die op de weg van vernietiging was en leed onder ziekten, en Hij verloste ons van al onze zonden door Jezus Christus, door toe te staan dat Hij gekruisigd werd aan een kruis en al Zijn bloed te laten vloeien. Daarom, ontvangt iedereen die Jezus Christus heeft aangenomen, vergeving van zijn zonden en bereikt redding, en kan nu vrij zijn van ziekte en een gezond leven leiden. Doordat alle dingen vervloekt waren, moesten de mensen zolang ze kunnen ademen, gaan leven met het gevaar van ziekte, maar door de genade en liefde van God, is de weg tot vrijheid van ziekte nu geopend.

Wanneer de kinderen van God de zonde tot bloedens toe weerstaan (Hebreeën 12:4) en leven door Zijn Woord zal Hij hen beschermen met Zijn ogen, die zijn als een vlammend vuur en hen beschermen met een vurige muur van de Heilige Geest, zodat geen enkele gifstof in de lucht hun lichamen kan binnendringen. Zelfs wanneer iemand ziek wordt, zal God de ziekte verteren en de aangetaste delen genezen, wanneer hij zich bekeert en zich afkeert van zijn boze wegen. Dit is de genezing, "onder de zon van gerechtigheid."

De moderne geneeskunde heeft ultraviolet therapie ontwikkelt, welke veel gebruikt wordt vandaag de dag om verschillende ziektes te voorkomen en te genezen. De ultraviolet stralen zijn zeer effectief bij ontsmetting en veroorzaken chemische veranderingen in het lichaam. Deze therapie is voor 99% effectief bij darmbacteriën, difterie, en dysenterie, en is ook effectief bij tuberculose, Engelse ziekte, bloedarmoede, reuma, en huidziektes. Een behandeling die net zo behulpzaam en krachtig is als de ultraviolet therapie, kan echter niet op alle ziektes worden toegepast.

Alleen "de zon der gerechtigheid met genezing onder zijn vleugels" die opgeschreven staat in de Schriften is de stroom van kracht die alle ziekten kan genezen. De stralen van de zon der gerechtigheid, kunnen worden gebruikt om allerlei soorten ziekten te genezen, en omdat het toegepast kan worden op alle mensen, is de wijze waarop God geneest echt eenvoudig en toch volledig, en essentieel het beste.

Niet lang na de oprichting van mijn gemeente, werd een patiënt, op een draagberrie, naar mij gebracht die verkeerde op het randje van de dood en aan folterende pijnen leed door verlamming en kanker. Hij was niet in staat om te spreken omdat zijn tong stijf was en hij kon zijn lichaam niet bewegen omdat zijn gehele lichaam volledig verlamd was. Daar de doktors het hadden opgegeven, spoorde de vrouw van de patiënt, die geloofde in de kracht van God, haar man aan om alles over te geven aan Hem. Toen hij besefte dat de enige manier om in leven te blijven was om zich vast te houden aan God en te smeken, probeerde de patiënt te aanbidden, zelfs wanneer hij zich neerlegde en zijn vrouw pleitte ook ernstig in geloof en liefde. Toen ik het geloof van deze twee zag, bad ik ook ernstig voor deze man. Spoedig daarna, bekeerde de man zich, die kort daarvoor zijn vrouw had vervolgd voor haar geloof in Jezus, door zijn hart over te geven, en God zond zijn stralen van genezing, verteerde het lichaam van de man met het vuur van de Heilige Geest en reinigde zijn lichaam. Halleluja! Toen de onderliggende oorzaak van de ziekte verteerd was, begon de man kort daarna weer te wandelen en te rennen en werd opnieuw gezond. Het is onnodig om te zeggen hoe de leden van Manmin glorie gaven aan God en zich verheugden over dit ontzagwekkende werk van Gods genezing.

3. Voor u die Mijn naam vereren

Onze God is een almachtige God die alles geschapen heeft in het heelal door Zijn Woord en de mens vanuit het stof schiep. Daar deze God onze Vader geworden is, zal Hij zelfs wanneer wij ziek worden, en volledig op Hem vertrouwen met ons geloof, ons geloof zien en erkennen en ons heel graag genezen. Er is niks verkeerds mee wanneer u genezen wordt door een medische behandeling in het ziekenhuis, maar God heeft welgevallen in Zijn kinderen die geloven in Zijn alwetendheid en almacht, ernstig tot Hem uitroepen, genezing ontvangen en God de glorie geven.

In 2 Koningen 20:1-11 staat het verhaal beschreven van Hizkia, koning van Juda, die ziek werd tijdens de Assyrische verovering van zijn koninkrijk, maar drie dagen nadat hij tot God gebeden had volledige genezing ontving en zijn leven werd met vijftien jaar verlengt.

Door de profeet Jesaja, vertelde God aan Hizkia, *"Tref*

beschikkingen voor uw huis, want gij zult sterven en niet herstellen" (2 Koningen 20:1; Jesaja 38:1). Met andere woorden, Hizkia ontving het doodsvonnis waarin hem werd verteld dat hij zich moest voorbereiden op zijn dood en beschikkingen moest treffen voor zijn koninkrijk en zijn gezin. Onmiddellijk keerde Hizkia zijn aangezicht naar de muur en bad tot de Here (2 Koningen 20:2). De koning besefte dat de reden van de ziekte het gevolg was van zijn relatie met God, plaatste alles opzij en loste het op door gebed.

Terwijl Hizkia vurig tot God bad met tranen, vertelt en belooft Hij de koning, *"Ik heb uw gebed gehoord, Ik heb uw tranen gezien; zie, Ik zal aan uw levensdagen vijftien jaar toevoegen, en Ik zal u en deze stad uit de macht van de koning van Assur redden en deze stad beschutten"* (Jesaja 38:5-6). We kunnen ons dus goed voorstellen, hoe ernstig en vurig Hizkia gebeden moet hebben toen God hem zei, "Ik heb uw gebed gehoord, Ik heb uw tranen gezien."

God die het verzoek van Hizkia volledig beantwoordde, genas de koning, zodat hij binnen drie dagen naar de tempel kon gaan. Bovendien, verlengde God het leven van Hizkia met vijftien jaar en, gedurende de rest van Hizkia's leven, bewaarde Hij de stad Jeruzalem tegen de bedreiging van Assyrië.

Daar Hizkia zich goed bewust was dat de zaak van iemands leven en dood onder Gods soevereiniteit komt, was het bidden tot God uitermate belangrijk voor hem. God had welgevallen in Hizkia's nederige hart en geloof, beloofde de koning te genezen, en toen Hizkia een teken zocht voor zijn genezing, liet God zelfs de schaduw op de trappen van Achaz tien treden teruggaan (2 Koningen 20:11). Onze God is een God van genezing en een zeer attente Vader die geeft aan degene die zoeken.

Integendeel, vinden we in 2 Kronieken 16:12-13 dat *"In het negenendertigste jaar van zijn regering werd Asa ziek aan zijn voeten en zijn ziekte werd hoogst ernstig. Doch zelfs in zijn ziekte zocht Asa geen hulp bij de HERE, maar bij de heelmeesters. Asa ging bij zijn vaderen te ruste en stierf in het éénenveertigste jaar van zijn regering."* Hij was eerst een wijze heerser, maar terwijl hij geleidelijk aan zijn geloof in God verloor, en op mensen begon te steunen, kon de koning geen hulp meer ontvangen van God (1 Koningen 15:11).

Toen Basa, koning van Israël, Juda binnen viel, steunde Asa op Benhadad, koning van Aram, en niet op God. Hiervoor werd Asa berispt door Hanani, de ziener, maar hij bekeerde zich niet van zijn wegen, en in plaats daarvan zette hij de ziener in de gevangenis, en mishandelde zijn eigen volk (2 Kronieken 16:7-10).

Voordat Asa vertrouwde op de koning van Aram, kwam God tussen beide met het leger van Aram, zodat het Juda niet binnen kon vallen. Vanaf de tijd dat koning Asa vertrouwde op de koning van Aram, in plaats van in zijn God, kon de koning van Juda niet langer hulp van Hem ontvangen. Bovendien, kon Hij geen vreugde hebben in Asa, die de hulp zocht bij een dokter in plaats van bij God. Dat is de reden waarom Asa slechts twee jaar na zijn ziekte aan zijn voeten stierf. Ondanks dat Asa zijn geloof in God beleed, omdat hij geen daden liet zien, en er niet in slaagde om het uit te roepen tot God, kon de almachtige God niets doen voor de koning.

De stroom van genezing van onze God kan alle soorten ziekten genezen, zodat de lammen kunnen opstaan en wandelen, de blinden beginnen te zien en de doven gaan horen, en de doden komen opnieuw tot leven. Daarom heeft God de Heelmeester onbeperkte kracht, daarom is de ernst van de ziekte niet belangrijk. Van een ziekte die zo klein is als een verkoudheid tot een ziekte die zo ernstig is als kanker, voor God de Heelmeester, is het allemaal hetzelfde. Wat belangrijker is, is het soort hart waarmee we tot God komen: of het is als dat van Asa of Hizkia.

Ik bid dat u Jezus Christus mag aannemen, antwoord mag ontvangen op het zondeprobleem, rechtvaardig geacht mag worden door geloof, God mag behagen met een nederig hart en geloof wat gepaard gaat met werken, zoals die van Hizkia, genezing ontvangt van alle ziekten, en altijd een gezond leven mag leiden, in de naam van onze Here!

Hoofdstuk 2

Wilt u gezond worden?

En daar was een man,
die reeds achtendertig jaar lang ziek geweest was.
Hem zag Jezus liggen en daar Hij wist,
dat hij daar reeds lange tijd was, zeide Hij tot hem:
"Wilt gij gezond worden?"

Johannes 5:5-6

1. Wilt u gezond worden?

Er zijn vele verschillende gevallen van mensen, die vroeger God niet kenden, Hem zoeken en voor Zijn aangezicht komen. Sommige komen tot Hem door hun eigen geweten te volgen, terwijl anderen Hem ontmoeten na het evangelie gehoord te hebben. Sommige andere vinden God nadat ze door sceptische mislukkingen en falen in hun leven en onenigheid gegaan zijn. Nog anderen komen voor Hem met een verlangend hart na lijden door lichamelijke pijn of vrees voor de dood.

Toen de verlamde die al meer dan achtendertig jaar aan pijn leed bij de pool die genoemd wordt "Bethesda." Het werd omgeven door vijf zuilen galerijen, waar de blinden, de lammen, en de kreupelen bij elkaar kwamen en daar lagen om dat er volgens een legende van tijd tot tijd een engel van God naar beneden zou komen en het water bewoog. Er werd ook geloofd dat de eerste die het water bereikte, nadat het water bewoog, wat "Huis van genade" betekend, genezen zou zijn van iedere ziekte die hij had.

Ziende naar een invalide van achtendertig jaar, die bij het bad lag, en wetende hoelang de man al leed vroeg Jezus hem, "Wil je gezond worden?" De man antwoordde, *"Here, ik heb geen mens om mij, zodra er beweging komt in het water, in het bad te werpen; en terwijl ik onderweg, daalt een ander vóór mij af"* (Johannes 5:7). Hierdoor beleed de man voor de Here dat hij ernstig genezing verlangde, maar hij kon niet op eigen kracht vooruit. Onze Here zag het hart van de man, en zei tegen hem, *"Sta op neem je bed op en wandel"*, en ineens werd de man herstelt: hij nam zijn matras op en wandelde (Johannes 5:8).

2. U moet Jezus Christus aannemen

Toen de man die achtendertig jaar invalide was geweest Jezus Christus ontmoette, ontving hij meteen genezing. Toen hij tot geloof in Jezus Christus kwam, de bron van het ware leven, werd de man vergeven van alle zonden en genezen van zijn ziekten.

Heeft er iemand te lijden van een aandoening? Als u lijdt aan ziekten en u wenst voor God te komen, en genezing te ontvangen, moet u eerst Jezus Christus aannemen, een kind van God worden, en vergeving ontvangen om elke barrière weg te nemen tussen uzelf en God. u moet dan geloven dat God overal aanwezig en machtig is, en elk wonder kan doen. U moet ook geloven dat we bevrijd zijn van al onze ziekten, door Jezus' en als u zoekt in de naam van Jezus zal u genezing ontvangen.

Als we vragen met dit soort geloof, zal God ons gebed van geloof en de genezing naar voren brengen. Hoe groot en oud onze aandoeningen ook zijn, wees er zeker van dat u al uw kwalen voor God brengt, en denk er aan dat u helemaal genezen kunt worden in een ogenblik als de kracht van God u geneest.

Toen de kreupele zoals genoemd in Marcus 2:3-12 voor het eerst hoorde dat Jezus naar Kapernaum zou komen, wilde de man Hem ontmoeten. Door het horen van het nieuws van Jezus die mensen genas, met verschillende aandoeningen, boze geesten uit dreef, en mensen genas van melaatsheid, dacht de verlamde dat als hij geloofde dat hij genezing zou ontvangen. Toen de verlamde zich realiseerde dat het onmogelijk was om nader naar Jezus te gaan vanwege de grote menigte die zich verzameld had, ging hij met de hulp van zijn vrienden door het dak van het huis waar Jezus verbleef en de mat waarop hij lag werd voor Jezus neergelaten.

Kan je je voorstellen hoe erg de verlamde er naar verlangde om voor Jezus te komen om zich uit te strekken om dit te doen? Hoe reageerde Jezus toen de verlamde, die niet van plaats naar plaats kon gaan en niet in staat was om te bewegen vanwege de menigte, zijn geloof toonde en toewijding met de hulp van zijn vrienden? Jezus schold de verlamde niet uit voor zijn slechte manieren maar in plaats daar van zei Hij, "Zoon je zonden zijn vergeven" en liet hem opstaan en ging weg.

In Spreuken 8:17 zegt God ons, *"Ik heb lief wie mij liefhebben, wie mij ijverig zoeken, zullen mij vinden."* Als u vrij wilt zijn van angst voor aandoeningen, moet u eerst een sterk verlangen hebben voor genezing, geloven in de kracht van God die de ziekten kan genezen, en Jezus Christus aannemen.

3. Je moet de muur van zonden vernietigen

Het doet er niet toe hoeveel u gelooft dat de kracht van God u kan genezen, Hij kan niet werken als er een muur van zonde tussen u en God is.

Daarom staat er Jesaja 1:15-17, God zegt ons *"Wanneer gij*

uw handen uitbreidt, verberg Ik mijn ogen voor u; zelfs wanneer gij het gebed vermenigvuldigt, hoor Ik niet; uw handen zijn vol bloed. Wast u, reinigt u, doet uw boze daden uit mijn ogen weg; houdt op kwaad te doen; leert goed te doen, tracht naar recht, houdt de geweldenaar in toom, doet recht aan de wees, verdedigt de rechtszaak der weduwe." En de HEERE zegt; Komt dan, en laat ons samen rechten, al waren uw zonden als scharlaken, zij zullen wit worden als sneeuw, al waren zij rood als karmozijn, zij zullen worden als witte wol.

Het volgende vinden we ook in Jesaja 59:1-3:

Zie, de hand des HEREN is niet te kort om te verlossen, en zijn oor niet te onmachtig om te horen; maar uw ongerechtigheden zijn het, die scheiding brengen tussen u en uw God, en uw zonden doen zijn aangezicht voor u verborgen zijn, zodat Hij niet hoort. Want uw handen zijn met bloed bezoedeld en uw vingers met ongerechtigheid; uw lippen spreken leugen, uw tong prevelt onrecht.

Mensen die God niet kennen en Jezus Christus niet aangenomen hebben en een leven naar eigen inzicht hebben geleefd, op zichzelf, realiseren zich niet dat zij zondaren zijn. Als mensen Jezus Christus aannemen als hun redder, en de Heilige Geest ontvangen als een gift, zal de Heilige Geest de wereld overtuigen van schuld in tegenstelling betreffende zonde, gerechtigheid en zij zullen erkennen dat zij zondaars zijn (Johannes 16:8-11).

Echter, omdat er voorbeelden zijn waarbij mensen precies weten wat zonde is, en daarom niet in staat zijn om zonde en het boze uit zichzelf te verdrijven, en antwoorden van God te ontvangen, moeten ze eerst weten wat zonde in Zijn ogen is. Want alle kwalen en ziekten komen door zonden alleen echter als je naar jezelf kijkt en de muur van zonde vernietigt kunt u het snelle werk van genezing ervaring.

Laten we enkele Schriftgedeelten onderzoeken over wat die zeggen over zonde en hoe we de muur van zonde kunnen vernietigen.

1) U moet zich bekeren van het niet geloven in God en Jezus Christus aannemen

De Bijbel vertelt ons dat ons ongeloof in God en het niet aannemen van Jezus Christus als onze redder betreffende onze zonde (Johannes 16:9). Vele ongelovige zeggen dat ze een goed leven leiden, maar deze mensen kennen zichzelf niet volledig, omdat ze het woord van de waarheid niet kennen – het licht van God – en niet in staat zijn om goed van kwaad te onderscheiden.

Zelfs wanneer iemand er zeker van is dat hij een goed leven heeft geleid, wanneer zijn leven gespiegeld wordt aan de waarheid, welke het Woord van de Almachtige God is, die alle dingen geschapen heeft in het heelal en het leven, de dood, zegen en vloek beheerst, zal er veel ongerechtigheid en leugen gevonden worden. Dat is de reden waarom de Bijbel ons zegt dat, *"Daarom, dat uit werken der wet geen vlees voor Hem gerechtvaardigd zal worden, want wet doet zonde kennen"* (Romeinen 3:20).

Wanneer u Jezus Christus aanneemt en een kind van God wordt, nadat u zich bekeert hebt van het niet geloven in God en Jezus Christus aanneemt, zal de almachtige God uw Vader worden en zult u antwoordt ontvangen op wat voor ziekte u ook maar heeft.

2) U moet zich bekeren van het niet liefhebben van uw broeders

De Bijbel zegt ons dat *"Geliefden, indien God ons zó heeft liefgehad, behoren ook wij elkander lief te hebben"* (1 Johannes 4:11). Het herinnert ons er ook aan dat wij zelfs onze vijanden lief moeten hebben (Matteüs 5:44). Wanneer wij onze broeders haten, zijn wij dus ongehoorzaam aan het Woord van God en zondigen dus.

Want Jezus liet Zijn liefde zien voor de gehele mensheid, die in de zonde en boosheid verbleef, door gekruisigd te worden aan een kruis, daarom is het enkel goed voor ons om onze ouders, kinderen, broeders en zusters lief te hebben. Het is niet recht in de ogen van God wanneer wij haten en niet in staat zijn om te vergeven, vanwege de geringe, maar toch onderlinge zieke gevoelens en misverstanden.

In Matteüs 18:23-35, geeft Jezus ons de volgende gelijkenis:

Daarom is het Koninkrijk der hemelen te vergelijken met een koning, die afrekening wilde houden met zijn slaven. Toen hij begon te rekenen, werd een voor hem geleid, die tienduizend talenten schuldig was. Omdat hij niet bij machte was te betalen, beval zijn heer hem te verkopen, met zijn vrouw en kinderen en al wat hij bezat, opdat er betaald kon worden. De slaaf wierp zich neder als smekeling en zeide: Heb geduld met mij en ik zal u alles betalen. De heer van die slaaf kreeg medelijden met hem en hij liet hem vrij en schold hem de schuld kwijt. Toen die slaaf wegging, trof hij een zijner medeslaven aan, die hem honderd schellingen schuldig was, en hij greep hem bij de keel en zeide: Betaal wat gij schuldig zijt. De medeslaaf nu wierp zich voor hem neder en bad hem dringend, zeggende: Heb geduld met mij en ik zal u betalen. Doch hij wilde niet, maar ging heen en zette hem gevangen, totdat hij het verschuldigde zou betaald hebben. Toen nu zijn medeslaven zagen, wat er gebeurd was, werden zij zeer verdrietig en gingen hun heer al wat er gebeurd was, mededelen. Toen ontbood zijn heer hem en zeide tot hem: Slechte slaaf, al die schuld heb ik u kwijtgescholden, daar gij het mij dringend hadt gevraagd. Hadt ook gij geen medelijden moeten hebben met uw medeslaaf, zoals ook ik medelijden had met u? En zijn meester werd toornig en gaf hem in handen van de folteraars, totdat hij hem al het verschuldigde zou betaald hebben. Alzo zal ook mijn hemelse Vader u doen, indien gij niet, een ieder zijn broeder, van harte vergeeft.

Ondanks dat wij de vergeving en genade hebben ontvangen van onze Vader God, zijn wij niet in staat of ongewillig om de fouten en zonden van onze broeders te omarmen, maar in plaats daarvan geneigd om rivaliteit te ontwikkelen, een vijand te maken, kwaad zijn over en elkaar ergeren?

God zegt ons dat *"Een ieder, die zijn broeder haat, is een mensenmoorder en gij weet, dat geen mensenmoorder eeuwig leven blijvend in zich heeft"* (1 Johannes 3:15), *"Alzo zal ook mijn hemelse Vader u doen, indien gij niet, een ieder zijn broeder, van harte vergeeft"* (Matteüs 18:35), en spoort ons aan *"Broeders, zucht niet tegen elkander, opdat gij niet onder het oordeel valt; zie, de Rechter staat voor de deur"* (Jakobus 5:9).

We moeten beseffen dat wanneer wij niet lief hebben, maar in plaats daarvan onze broeders haten, wij dan ook zonde hebben en niet gevuld zullen zijn met de Heilige Geest, maar gekweld zullen worden. Dus, zelfs als uw broer u haat en u teleurstelt, mogen wij hem niet haten of teleurstellen daar tegen over, maar ons hart bewaren met waarheid en begrip tonen en hen vergeven. Ons hart moet kunnen vergeven en een gebedsoffer kunnen brengen voor zulke broeders en zusters. Als we begrip tonen, vergeven, en elkaar liefhebben, met de hulp van de Heilige Geest, zal God ons ook laten zien Zijn medelijden en compassie, dank en het werk van de Heilige Geest.

3) U moet zich bekeren als u gebeden hebt met begeerte

Toen Jezus een jongen genas die door een geest bezeten was, vroegen Zijn discipelen, *"Waarom konden wij hem niet uitdrijven?"* (Marcus 9:28) en Jezus reageerde *"Dit geslacht kan door niets uitvaren, tenzij door gebed"* (Marcus 9:29).

Om genezing te ontvangen van zekere graad, moeten er ook gebeden en smekingen geofferd worden. En toch gebeden met zelfverlangens zullen niet beantwoordt worden omdat God er geen welgevallen in heeft. God heeft ons bevolen, *"Of gij dus eet of drinkt, of wat ook doet, doet het alles ter ere Gods"* (1 Korintiërs 10:31). Daarom moet het doel van onze studies en het verkrijgen van roem of macht zijn om alle glorie aan God te geven. We zien in Jakobus 4:2-3, *"Gij begeert, doch gij hebt niet; gij zijt moorddadig en naijverig en gij kunt er niets mede verkrijgen; gij vecht en gij strijdt. Gij hebt niets, omdat gij niet bidt. (Of,) gij bidt wel, maar gij ontvangt niet, doordat gij verkeerd bidt, om het in uw hartstochten door te brengen."*

Vragen om genezing om een gezond leven te kunnen handhaven is tot glorie van God; dan zult u een antwoord ontvangen wanneer u er om vraagt. Maar wanneer u echter geen genezing ontvangt, zelfs wanneer u erom vraagt, dan komt dat misschien omdat u iets zoekt wat niet recht is in de waarheid, ondanks dat God u zelfs grotere dingen wil schenken.

In wat voor soort gebeden heeft God welgevallen? Zoals Jezus ons zei in Matteüs 6:33, *"Maar zoekt eerst Zijn Koninkrijk en Zijn gerechtigheid en dit alles zal u bovendien geschonken worden,"* in plaats van bezorgd te zijn over voedsel, kleding, en dergelijke, moeten wij eerst God behagen met onze gebeden voor

Zijn koninkrijk en gerechtigheid, en evangeliseren en ons heiligen. Alleen dan zal God de verlangens van ons hart beantwoorden en u volledige genezing geven van uw ziekte.

4) U moet zich bekeren wanneer u gebeden hebt in twijfel
God heeft welgevallen in gebeden die iemands geloof laten zien. Dit kunnen we terugvinden in Hebreeën 11:6, *"Maar zonder geloof is het onmogelijk (Hem) welgevallig te zijn. Want wie tot God komt, moet geloven, dat Hij bestaat en een beloner is voor wie Hem ernstig zoeken."* Evenzo, herinnert Jakobus 1:6-7 ons aan: *"Maar hij moet bidden in geloof, in geen enkel opzicht twijfelende, want wie twijfelt, gelijkt op een golf der zee, die door de wind aangedreven en opgejaagd wordt. Want zulk een mens moet niet menen, dat hij iets van de Here zal ontvangen"*

Gebeden die geofferd worden in twijfels laat iemands ongeloof in de almachtige God zien, het tot schande maken van Zijn kracht, en veranderen Hem tot een onbekwaam God. U moet zich bekeren, de voorvaders van het geloof navolgen, vurig en ijverig bidden totdat u het geloof bezit waardoor u kunt geloven met uw hart.

Vele keren in de Bijbel, zien we dat Jezus van degene houdt die groot geloof bezitten, hen verkiest als Zijn werkers, om Zijn bediening uit te dragen door en met hen. Wanneer mensen niet in staat zijn om hun geloof te laten zien, verwijt Jezus zelfs Zijn discipelen voor hun kleine geloof (Matteüs 8:23-27), maar complimenteerde degene die groot geloof hadden en had hen lief, zelfs wanneer het heidenen waren (Matteüs 8:10).

Hoe bidt u en wat voor soort geloof bezit u? Een hoofdman in Matteüs 8:5-13 kwam tot Jezus en vroeg Hem om een van zijn dienstknechten te genezen, die thuis verlamd lag en vreselijk veel pijn leed. Toen Jezus tot de Hoofdman zei, *"Zal Ik komen en hem genezen? Doch de hoofdman antwoordde en zeide: Here, ik ben niet waard, dat Gij onder mijn dak komt, maar spreek slechts een woord en mijn knecht zal herstellen"* (v. 8). En liet Jezus zijn grote geloof zien. Toen Hij de opmerking hoorde van de hoofdman, had Jezus daar welgevallen in en zei tot hem, *"Bij niemand in Israël heb Ik een zó groot geloof gevonden!"* (v. 10) De dienstknecht van de hoofdman werd op dat moment ook genezen.

In Marcus 5:21-43 staat een gebeurtenis beschreven van een verbazingwekkend werk van genezing. Toen Jezus bij de zee was, kwam er een overste van de synagoge, genaamd Jaïrus tot Hem en viel voor Zijn voeten. Jaïrus smeekte Jezus *"Mijn dochtertje ligt op haar uiterste; kom toch en leg haar de handen op, dan zal zij behouden worden en in leven blijven"* (v. 23).

Terwijl Jezus met Jaïrus meeging, kwam er een vrouw tot Hem, die reeds twaalf jaar leed aan bloedingen. Ze had veel doorstaan van vele dokters en al het hare daaraan ten koste gelegd en vond geen baat, maar ging veeleer achteruit.

De vrouw had gehoord dat Jezus vlakbij was en te midden van de menigten, die Jezus volgden, ging ze achter Hem aan en raakte Zijn mantel aan. Want de vrouw geloofde, *"Indien ik slechts zijn klederen kan aanraken, zal ik behouden zijn"* (v. 28). Toen de vrouw met haar handen de mantel van Jezus aanraakte, droogde de bron van haar bloed onmiddellijk op en ze voelde dat haar lichaam was genezen van haar kwaal. Jezus bemerkte terstond bij Zichzelf de kracht, die van Hem uitgegaan was, en Hij keerde Zich om in de schare, en zeide: *"Wie heeft mijn klederen aangeraakt?"* (v. 30). Toen de vrouw de waarheid beleed, zei Jezus tot de vrouw, *"Dochter, uw geloof heeft u behouden; ga heen in vrede en wees genezen van uw kwaal"* (v. 34). Hij gaf de vrouw redding alsook de zegening van gezondheid.

Op dat moment, kwamen er mensen vanuit het huis van Jaïrus en zeiden, *"Uw dochter is gestorven"* (v. 35) Jezus stelde Jaïrus gerust en zei tot hem, *"Wees niet bevreesd; hebt geloof,"* (v. 36) en ging verder naar het huis van Jaïrus. Daar, vertelde Jezus aan het volk, *"Het kind is niet dood, maar slaapt,"* (v. 39) en zei tot het meisje, *"Talita koem!"* (wat betekent 'Meisje, ik zeg u, sta op!') (v. 41). Het meisje stond onmiddellijk op en begon te wandelen.

Geloof dat wanneer u vraagt in geloof, zelfs een ernstige ziekte genezen kan worden en de dode opgewekt kan worden. Wanneer u hebt gebeden in twijfel tot op heden, ontvang dan genezing en bekeert u van die zonde.

5) U moet zich bekeren van het niet gehoorzaam zijn aan Gods geboden

In Johannes 14:21, zegt Jezus ons, *"Wie mijn geboden heeft en ze bewaart, die is het, die Mij liefheeft; en wie Mij liefheeft, zal geliefd worden door mijn Vader en Ik zal hem liefhebben en Mijzelf aan hem openbaren."* In 1 Johannes 3:21-22 worden wij herinnert aan, *"Geliefden, als ons hart ons niet veroordeelt, hebben wij vrijmoedigheid tegenover God, en ontvangen wij van Hem al wat wij bidden, daar wij zijn geboden bewaren en doen wat welgevallig is voor zijn aangezicht."* Een zondaar kan niet vrijmoedig tot God naderen. En toch wanneer onze harten eervol en onberispelijk zijn, wanneer het gemeten wordt met Gods woord, kunnen wij God alles vrijmoedig vragen.

Daarom als een gelovige van God, moet u de tien Geboden leren en begrijpen, welke dienen als een beknopte samenvatting van de zesenzestig boeken van de Bijbel, en ontdekken hoeveel ongehoorzaamheid er in uw leven geweest is aan deze geboden.

I. Heb ik ooit in mijn hart anderen goden gehad, dan God?

II. Heb ik ooit afgoden gemaakt van mijn bezittingen, kinderen, gezondheid, zaak en dergelijke en deze aanbeden?

III. Heb ik ooit de naam van God ijdel gebruikt?

IV. Heb ik de Sabbat altijd geheiligd?

V. Heb ik altijd mijn ouders geëerd?

VI. Heb ik ooit iemand lichamelijk of geestelijk gedood door mijn broeders en zusters te haten of hen te laten zondigen?

VII. Heb ik ooit overspel gepleegd in mijn hart?

VIII. Heb ik ooit gestolen?

IX. Heb ik ooit een vals getuigenis gegeven tegen mijn naaste?

X. Heb ik ooit de bezittingen van mijn naaste begeert?

Bovendien, moet u ook kijken of u de geboden van God hebt onderhouden door uw naaste lief te hebben als u zelf. Wanneer u Gods geboden gehoorzaamt en Hem vraagt, zal de kracht van God elke ziekte genezen.

6) U moet zich bekeren van het niet gezaaid hebben in God

Zoals God alles in het heelal beheerst, heeft Hij ook de wetten van de geestelijke wereld gegrondvest en als een rechtvaardige Rechter leidt en bestuurt Hij alle dingen overeenkomstig.

In Daniël 6, werd koning Darius in een moeilijke situatie gebracht, waarin hij zijn geliefde dienaar Daniel niet kon redden van de leeuwenkuil. Daar hij een wet had gemaakt die hij zelf had laten optekenen, kon Darius niet ongehoorzaam zijn aan de wet, die hij zelf had vervaardigd. Als de koning de eerste zou zijn die de wet overtreed en ongehoorzaam is, wie zou hem dan nog vrezen en dienen? Dat is eigenlijk de reden, ondanks dat Daniël zijn geliefde dienaar op het punt stond om in de leeuwenkuil geworpen te worden, door het plan van boze mensen, was er niets wat Darius kon doen.

Evenzo, net zoals God geen regels ombuigt en ongehoorzaam is aan de wet, die Hij zelf heeft opgesteld, verloopt alles in het heelal precies zoals het hoort, onder Zijn soevereiniteit. Dat is de redenen waarom er staat geschreven, *"Dwaalt niet, God laat niet met Zich spotten. Want wat een mens zaait, zal hij ook oogsten"* (Galaten 6:7).

Net zoals u zaait in gebed, zal u antwoorden ontvangen en geestelijk groeien, en zal uw innerlijke mens bekrachtigd worden, en uw geest vernieuwd worden. Als u ziek bent geweest of kwalen hebt gehad, maar nu uw tijd zaait in liefde voor God door ijverig deel te nemen aan alle aanbidding diensten, zal u de zegening van gezondheid ontvangen en onherroepelijk een verandering voelen in uw lichaam. Wanneer u rijkdom zaait in God, zal Hij u beschermen en een schild voor u zijn tijdens moeilijkheden en u ook de zegening geven van grote rijkdom.

Door te begrijpen hoe belangrijk het is om in God te zaaien, wanneer u alle hoop van deze wereld hebt verworpen die zal vergaan, maar in plaats daarvan begint om uw beloningen in de hemel te verzamelen in echt geloof, zal de almachtige God u leiden tot een gezond leven ten alle tijden.

Met het Woord van God, hebben we dus tot zover bestudeert wat dus een muur is geworden tussen God en mensen, en waarom wij leven in de wanhoop van ziekte. Als u niet in God gelooft, en lijdt aan een ziekte, neem dan Jezus aan als uw Redder, en begin een leven in Christus. Vrees niet voor hen die uw lichaam kunnen doden, maar vreest veeleer Degene die uw lichaam kan veroordelen en uw geest in de hel kan werpen, bewaar uw geloof in de God van redding ondanks de vervolgingen van uw ouders, broers of zussen, echtgenoten, schoonouders en de rest. Wanneer God uw geloof erkent, zal Hij werken en kunt u de genade van genezing ontvangen.

Wanneer u een gelovige bent, maar lijdt aan een ziekte, kijk dan eens terug naar uzelf om te zien of er geen overblijfsel van kwaad, zoals haat, jaloezie, na-ijver, ongerechtigheid, onreinheid, zelfzucht, kwaadaardige motieven, moord, tweedracht, laster, roddel trots en dergelijke zijn. Door tot God te bidden en vergeving te ontvangen in Zijn bewogenheid en genade, zal u ook antwoord ontvangen op de problemen van uw ziekte.

Vele mensen proberen te onderhandelen met God. Ze zeggen dat wanneer God hen eerst geneest van hun ziekte en hun kwalen, zij in Jezus zullen geloven en Hem zullen volgen. Omdat God echter het centrum van ieders hart kent, enkel na het geestelijk reinigen van deze mensen, zal Hij een ieder van hen genezen van hun lichamelijke ziektes.

Door te begrijpen dat de gedachten van mensen en de gedachten van God verschillend zijn, bid ik dat u eerst mag gehoorzamen aan de wil van God zodat uw geest ook gezond mag worden en u de zegeningen van genezing mag ontvangen van uw ziektes, in de naam van onze Heer!

Hoofdstuk 3

God de Heelmeester

Indien gij aandachtig luistert naar
de stem van de HERE, uw God,
en doet wat recht is in zijn ogen,
en uw oor neigt tot zijn geboden
en al zijn inzettingen onderhoudt,
zal Ik u geen enkele van de kwalen opleggen,
die Ik de Egyptenaren opgelegd heb;
want Ik, de HERE, ben uw Heelmeester.

Exodus 15:26

1. Waarom worden mensen ziek?

Ondanks dat God, de Heelmeester wil dat al Zijn kinderen gezond leven, lijden velen van hen onder de pijnen van ziekte, en zijn niet in staat om het probleem van de ziekte op te lossen. Net zoals er een oorzaak is voor elk resultaat, is er ook een oorzaak voor elke ziekte. Want elke ziekte kan snel genezen worden, als de oorzaak ontdekt is. Met het woord van God van Exodus 15:26, zullen we wat dieper ingaan op de oorzaken van ziekte, en de manieren waardoor we vrij kunnen zijn van ziekte en gezond kunnen leven.

"De Here" is een naam aangewezen voor God, en het staat voor "IK BEN DIE IK BEN" (Exodus 3:14). De naam duidt ook aan dat alle andere wezens onderworpen zijn aan de autoriteit van de Hoogst verheven God. Zoals God verwijst naar Zichzelf als "de Here, die u geneest" (Exodus 15:26), kunnen we leren van de liefde van God, die ons bevrijdt van de wanhoop van ziekte en de kracht van God die de ziekten geneest.

In Exodus 15:26, belooft God ons, *"Indien gij aandachtig luistert naar de stem van de HERE, uw God, en doet wat recht is in zijn ogen, en uw oor neigt tot zijn geboden en al zijn inzettingen onderhoudt, zal Ik u geen enkele van de kwalen opleggen, die Ik de Egyptenaren opgelegd heb; want Ik, de HERE, ben uw Heelmeester."* Dus, als u ziek bent, dient dat als een bewijs dat u niet nauwkeurig genoeg geluisterd hebt naar Zijn stem, niet gedaan hebt wat recht is in Zijn ogen, en Zijn geboden niet hebt onderhouden.

Want Gods kinderen zijn hemelburgers, zij moeten verblijven in de wet van de hemel. Wanneer hemelburgers echter niet gehoorzamen aan deze wetten, kan God hen niet beschermen, want zonde is wetteloosheid (1 Johannes 3:4). Dan zullen de machten van ziekte binnen sluipen, en de kinderen van God achterlaten in de wanhoop van ziekte.

Laat ons tot in detail onderzoeken, de oorzaken waardoor wij ziek kunnen worden, en hoe de kracht van God, de Heelmeester degene kan genezen die lijden onder ziekten.

2. Een voorbeeld waardoor iemand ziek kan worden als gevolg van zijn zonden

Door de Bijbel, vertelt God ons keer op keer dat de oorzaak van ziekte, zonde is. Johannes 5:14 zegt: *"Daarna vond Jezus hem in de tempel en zeide tot hem: Zie, gij zijt gezond geworden; zondig niet meer, opdat u niet iets ergers overkome."* Deze vers herinnert ons eraan dat wanneer een mens zondigt, hij nog zieker kan worden dan daarvoor, en ook door de zonde worden mensen ziek.

In Deuteronomium 7:12-15, belooft God ons dat *"Het zal geschieden, omdat gij aan deze verordeningen gehoor geeft en ze naarstig onderhoudt, dat de HERE, uw God, jegens u het verbond en de goedertierenheid zal bevestigen, die Hij aan uw vaderen met een eed bekrachtigd heeft; Hij zal u liefhebben, zegenen en talrijk maken; Hij zal zegenen de vrucht van uw schoot en de vrucht van uw bodem, uw koren, most en olie, de worp van uw runderen en de dracht van uw kleinvee, in het land, waarvan Hij uw vaderen gezworen heeft, dat Hij het u geven zou. Gezegend zult gij zijn boven alle volken; er zal geen onvruchtbare zijn onder uw mannen of vrouwen, noch onder uw vee. De HERE zal alle ziekten van u afwenden, en geen van de boze kwalen van Egypte, die gij kent, zal Hij u opleggen, maar Hij zal die brengen over allen die u haten."* Binnen in degene die haten is er boosheid en zonde, en ziekte zal over zo iemand komen.

In Deuteronomium 28, goed bekent als "Het hoofdstuk van de zegeningen" vertelt God ons over de zegeningen die wij zullen ontvangen als wij onze God volledig gehoorzamen en nauwgezet Zijn geboden bewaren. Hij vertelt ons ook over de vloeken die over ons zullen komen en ons zullen overweldigen als wij niet nauwgezet Zijn geboden en wetten volgen.

Voornamelijk beschreven tot in detail, zijn de ziekten waaraan wij blootgesteld zullen worden als we ongehoorzaam zijn aan God. Het zijn plagen; tering; koorts; ontstekingen; droogte, brandkoren en honigdauw; "Egyptische zweren...tumors; uitslag en schurft, en builen waarvan gij niet kunt genezen"; waanzin, verblinding en verstandsverbijstering met niemand om u te redden; en boze zweren aan de knieën en aan de dijen, waarvan gij niet kunt genezen – van uw voetzool af tot uw schedel toe (Deuteronomium 28:21-35).

Door goed te begrijpen dat de oorzaak van ziekte, zonde is, moet u zich eerst bekeren van het niet geleefd hebben naar Gods woord, en vergeving ontvangen, als u ziek bent. Eens u genezing ontvangt door te leven overeenkomstig het Woord, moet u niet opnieuw zondigen.

3. Een voorbeeld waardoor iemand ziek wordt, ondanks dat hij denkt dat hij niet gezondigd heeft

Sommige mensen zeggen dat ze niet gezondigd hebben, maar toch ziek zijn. En toch zegt het woord van God ons dat wanneer wij recht doen in Gods ogen, als wij Zijn geboden onderhouden en Zijn voorschriften volgen, dan zal God ons met geen enkele ziekte slaan. Wanneer wij ziek worden, moeten wij erkennen dat we ergens iets gedaan hebben wat niet recht is in Zijn ogen en Zijn geboden niet bewaard hebben.

Welke zonden veroorzaken dan ziekten?

Wanneer iemand het gezonde lichaam gebruikt, welke God hem gegeven heeft, zonder zelfbeheersing of immoreel, ongehoorzaam aan Zijn geboden, fouten maakt, of een chaotisch leven heeft, is het risico veel groter om ziek te worden. Tot deze categorie van ziekten behoort ook een maag-darmprobleem door buitensporig eten of een onregelmatig eetpatroon, een leverziekte door voortdurend te roken en te drinken, en vele andere soorten ziekten door iemands lichaam over te belasten.

Vanuit menselijke oogpunt lijkt dit misschien niet op zonde, maar in de ogen van God is het zonde. Buitensporig eten is een zonde omdat het de hebzucht van iemand laat zien en zijn onbekwaamheid om zelfbeheersing uit te oefenen. Wanneer iemand ziek wordt door een onregelmatig eetpatroon, dan is zijn zonde, het niet leven volgens een gebaseerde routine of het houden van vaste maaltijden, maar zijn lichaam misbruikt heeft, zonder zelfbeheersing. Wanneer iemand ziek wordt door iets te eten wat nog niet helemaal klaar was, dan is zijn zonde ongeduld- heeft hij niet gehandeld overeenkomstig de waarheid.

Wanneer iemand een mes onzorgvuldig gebruikt en zichzelf snijdt, en de wonde begint te etteren, dan is dat ook een gevolg van zijn zonden. Als hij echt van God hield, dan zou Hij die persoon ten alle tijden beschermen van ongelukken. Zelfs wanneer hij een fout maakt, zou God een uitweg hebben voorzien, omdat Hij alles doet mede werken ten goed voor degene die Hem liefhebben, en het lichaam zou niet verwond raken. Wonden en letsels zouden veroorzaakt worden omdat hij te haastig handelde of niet op een deugdzame wijze, beide zijn niet rechtvaardig in Gods ogen en maken dat zijn handelingen dus zondig zijn.

Dezelfde regel kan toegepast worden met roken en drinken. Wanneer iemand zich ervan bewust is dat roken zijn denken beïnvloed, zijn bronchiën beschadigd, en kanker veroorzaakt, maar toch niet in staat is om te stoppen, en wanneer iemand zich bewust is dat de giftige stoffen in alcohol zijn ingewanden beschadigd en zijn lichamelijke organen erdoor verslechteren, maar niet in staat is om ermee te stoppen, dan zijn dit zondevolle handelingen. Het toont zijn onbekwaamheid om zichzelf te beheersen en zijn hebzucht, zijn gebrek aan liefde voor zijn lichaam, en hij volgt niet de wil van God. Hoe zou dit geen zonde kunnen zijn?

Zelfs wanneer we niet zeker zijn dat alle ziekte voortkomt als gevolg van zonde, kunnen we er zeker van zijn nadat we vele verschillende zaken bestudeerd en gemeten hebben met het Woord van God. We moeten altijd Zijn woord gehoorzamen en erdoor leven zodat we vrij mogen zijn van ziekte. Met andere woorden, wanneer wij datgene doen wat recht is in Zijn ogen, aandacht schenken aan Zijn geboden, en al Zijn bevelen heb onderhouden, zal Hij u beschermen en een schild voor ons zijn tegen ziekte ten alle tijde.

4. Ziektes veroorzaakt door Neurose en andere geestesziektes

De statistieken zeggen ons dat het aantal mensen die lijden aan neurose en andere geestesziektes toeneemt. Wanneer de mensen geduldig zijn zoals het Woord van God ons instrueert, en wanneer zij vergeven, liefhebben, en begrijpen overeenkomstig de waarheid, kunnen zij gemakkelijk bevrijdt worden van zulke ziektes. Toch, is er nog steeds boosheid in hun harten en de boze verbied hen om te leven door het Woord. De mentale angst verergert en tast andere lichaamsdelen aan en het immuunsysteem, en leidt uiteindelijk tot ziektes. Wanneer wij leven door het Woord, zullen onze emoties niet opgeschud worden, zullen wij niet opvliegend worden en zullen onze gedachten niet opgejut worden.

Er zijn mensen om ons heen die er niet boosaardig uit zien, maar goed, en toch lijden aan dit soort ziektes. Want zij die zelfs gewone uitdrukkingen van emoties temperen, lijden aan een veel ernstigere ziekte dan degene die hun boosheid en wraak uiten. Goedheid in de waarheid, is niet de wanhoop van de strijd tussen tegenstrijdige emoties, in plaats daarvan is het, het verstaan van elkaar in vergeving, en liefde en troost te zoeken in zelfbeheersing en volharding.

Bovendien, wanneer mensen met medeweten zondigen, zullen zij gaan lijden aan mentale ziekten van mentale wanhoop en vernietiging. Want zij niet handelen in goedheid, maar dieper in de zonde vallen, creëert hun mentale lijden een ziekte. We moeten weten dat neurose en andere geestesziektes door zichzelf zijn toegebracht, veroorzaakt door hun eigen dwaze en boze wegen. Zelfs in zo'n geval, zal de God van liefde al degene genezen die Hem zoeken en er naar verlangen om genezing te ontvangen. Bovendien, zal Hij hen ook de hoop voor de hemel geven en hen toestaan om in echt geluk en troost te verblijven.

5. Ziektes van de vijand duivel komen ook door de zonde

Sommige mensen zijn bezeten door Satan en lijden aan alle ziektes die de vijand duivel op hen werpt. Dat komt omdat zij de wil van God hebben verworpen en afgedwaald zijn van de waarheid. De reden voor een groot aantal mensen die ziek zijn, lichamelijk beperkt, en demonisch bezeten zijn in families die afgoderij doen, is omdat God afgoderij verafschuwt.

In Exodus 20:5-6 zien we, *"Gij zult u voor die niet buigen, noch hen dienen; want Ik, de HERE, uw God, ben een naijverig God, die de ongerechtigheid der vaderen bezoek aan de kinderen, aan het derde en aan het vierde geslacht van hen die Mij haten, en die barmhartigheid doe aan duizenden van hen die Mij liefhebben en mijn geboden onderhouden."* Hij heeft ons een bijzonder gebod gegeven, het verbod tot aanbidding van afgoden. Van de Tien Geboden, die Hij ons gegeven heeft, door de eerste twee Geboden – *"Gij zult geen andere goden voor mijn aangezicht hebben"* (v. 3) en *"Gij zult u geen gesneden beeld maken noch enige gestalte van wat boven in de hemel, noch van wat beneden op de aarde, noch van wat in de wateren onder de aarde is"* (v. 4) – kunnen wij gemakkelijk vertellen hoeveel God afgoderij verafschuwt.

Wanneer ouders ongehoorzaam zijn aan de wil van God en afgoden aanbidden, zullen hun kinderen hen natuurlijk navolgen. Wanneer de ouders het woord van God niet gehoorzamen en het kwade doen, zullen hun kinderen hen natuurlijk volgen en het kwade doen. Wanneer de zonde van ongehoorzaamheid de derde en de vierde generatie bereikt, als het loon van de zonde, zullen de afstammelingen lijden aan ziektes die de vijand duivel op hen legt.

Zelfs wanneer de ouders afgoden hebben aanbeden, maar

hun kinderen, vanuit de goedheid van hun hart, God aanbidden, zal Hij Zijn liefde en genade laten zien en hen zegenen. Zelfs wanneer mensen heden lijden door de ziektes die de vijand duivel op hen legt, nadat ze de wil van God hebben verlaten, en afgedwaald zijn van de waarheid, wanneer zij zich bekeren en zich afkeren van hun zondige wegen, zal God, de Heelmeester hen reinigen. Sommigen zal Hij onmiddellijk genezen, anderen zullen een korte periode later genezen worden en weer anderen zullen genezen worden overeenkomstig de groei van hun geloof. Het werk van genezing zal plaats vinden overeenkomstig de wil van God: wanneer mensen een onveranderlijk hart hebben in Zijn ogen, zullen zij onmiddellijk genezen worden; wanneer hun hart echter listig is, zullen zij pas later genezing ontvangen.

6. Wij zullen vrij van ziekte zijn wanneer wij leven door geloof

Mozes nu was een zeer zachtmoedig man, meer dan enig mens op de aardbodem (Numeri 12:3) en hij was getrouw in geheel Gods huis, en werd als een betrouwbare dienstknecht van God beschouwd (Numeri 12:7). De Bijbel zegt ons ook, dat toen Mozes stierf op de leeftijd van honderdtwintig jaar, zijn ogen niet zwak waren noch zijn kracht geweken was (Deuteronomium 34:7). Want Abraham was een gezond man, die gehoorzaamde in geloof en God vereerde, hij leefde tot de leeftijd van 175 jaar (Genesis 25:7). Daniël was ook gezond ondanks dat hij alleen maar groenten at (Daniël 1:12-16), terwijl Johannes de Doper sterk was ondanks dat hij alleen maar sprinkhanen en wilde honing at (Matteüs 3:4).

Iemand vraagt zich misschien af hoe mensen gezond kunnen blijven zonder vlees te eten. En toch, toen God de eerste mens schiep, zei Hij tot hem om enkel vruchten te eten. In Genesis 2:16-17 zegt God tot de mens, *"Van alle bomen in de hof moogt gij vrij eten, maar van de boom der kennis van goed en kwaad, daarvan zult gij niet eten, want ten dage, dat gij daarvan eet, zult gij voorzeker sterven."* Na de ongehoorzaamheid van Adam, liet God hem enkel het gewas des velds eten (Genesis 3:18), en terwijl de zonde verder ging in deze wereld, na het oordeel van de vloed, zei God tot Noach in Genesis 9:3, *"Alles wat zich roert, wat leeft, zal u tot spijze zijn; Ik heb het u alles gegeven evenals het groene kruid."* Terwijl de mens geleidelijk aan slechter werd, stond God hen toe om vlees te eten, maar dan wel "geen onrein" eten (Leviticus 11; Deuteronomium 14).

In de Nieuwtestamentische tijden, zei God ons in Handelingen 15:29, *"Onthouding van hetgeen de afgoden geofferd is, van bloed, van het verstikte en van hoererij; indien gij u hier voor wacht, zult gij wèl doen."* Hij stond ons toe om voedsel te eten wat ter bevordering van onze gezondheid is en adviseert ons afstand te nemen van voedsel wat schadelijk voor ons is; het zou zelfs nog beter voor ons zijn wanneer wij geen enkel voedsel zouden eten of drinken waarin God geen welgevallen heeft. Zoveel als wij de wil van God volgen en leven in geloof, zal ons lichaam sterker worden, ziektes zullen ons verlaten en geen enkele andere ziekte zal ons binnendringen.

Bovendien zullen wij niet ziek worden wanneer wij leven in gerechtigheid met geloof, omdat tweeduizend jaar geleden, Jezus Christus in deze wereld kwam en al onze zware lasten droeg. Wanneer wij geloven dat door Zijn bloed, Jezus ons verlost heeft van onze zonden en door Zijn striemen, heeft Hij onze ziekten op Zich genomen (Matteus 8:17) zijn wij genezen, en zal het geschieden overeenkomstig ons geloof (Jesaja 53:5-6; 1 Petrus 2:24).

Voordat wij God ontmoeten, hadden wij geen geloof. We leefden in het najagen van de verlangens van onze zondevolle natuur en leden aan allerlei ziekten als gevolg van onze zonden. Wanneer wij leven in geloof en alles in gerechtigheid doen, zullen wij gezegend worden met lichamelijke gezondheid.

Wanneer het denken gezond is, zal het lichaam ook gezond zijn. Wanneer wij in gerechtigheid verblijven en overeenkomstig het Woord van God handelen, zullen onze lichamen gevuld zijn met de Heilige Geest. Ziektes zullen ons verlaten en wanneer onze lichamen gezondheid ontvangen, zal ziekte ons niet meer infiltreren. Want onze lichamen zullen in vrede zijn, licht aanvoelen, vreugdevol, en gezond zijn, we zullen niet onzeker zijn, maar enkel dankbaar zijn voor de gezondheid die God ons gegeven heeft.

Ik bid dat u mag handelen in gerechtigheid, en in geloof zodat het uw geest ook wel mag gaan, dat u genezen zal zijn van al uw ziektes en kwalen, en gezondheid mag ontvangen! Ik bid dat u ook Gods overvloedige liefde mag ontvangen wanneer u gehoorzaam bent en leeft door Zijn Woord – in de naam van onze Heer!

Hoofdstuk 4

Door Zijn striemen zijn wij genezen

Nochtans,
onze ziekten heeft hij op zich genomen,
en onze smarten gedragen;
wij echter hielden hem voor een geplaagde,
een door God geslagene en verdrukte.
Maar om onze overtredingen werd hij doorboord,
om onze ongerechtigheden verbrijzeld;
de straf die ons de vrede aanbrengt, was op hem,
en door zijn striemen is ons genezing geworden.

Jesaja 53:4-5

1. Jezus als de Zoon van God genas alle ziektes

Wanneer mensen hun eigen levensloop besturen, treffen ze allerlei problemen aan. Net zoals de zee niet altijd rustig is, zijn er op de zee van het leven ook vele problemen afkomstig van thuis, werk, zaken, ziekte, rijkdom en dergelijke. Het zou niet overdreven zijn om te stellen dat onder al deze problemen in het leven, de meest opvallende, ziekte is.

Ongeacht de hoeveelheid van rijkdom en kennis dat iemand mag bezitten, wanneer hij getroffen wordt door een ernstige ziekte, zal alles waar hij in zijn leven voor gewerkt heeft, niets meer zijn dan een luchtballon. Aan de ene kant, zien we dat terwijl de materiële ontwikkeling voortgaat en de rijkdom toeneemt, het verlangen voor gezondheid bij de mens ook toeneemt. Aan de andere kant ongeacht hoe ver de wetenschap en de medici zich ook ontwikkelen, worden er voortdurend talloze nieuwe en vreemde soorten ziektes ontdekt – waartegen de menselijke kennis waardeloos is – en het aantal mensen dat lijd neemt gestadig toe. Dat is misschien waarom er een grotere nadruk gelegd wordt op gezondheid vandaag de dag.

Lijden, ziekte, en dood – die allen voortkomen uit zonde – vatten de beperkingen van mensen samen. Zoals Hij deed in het Oude Testament, presenteert God, de Heelmeester ons vandaag de weg waardoor mensen die in Hem geloven genezen kunnen worden van alle ziektes, door hun geloof in Jezus Christus. Laat ons de Bijbel bestuderen en zien waarom we antwoord ontvangen op het ziekteprobleem en een gezond leven leiden door ons geloof in Jezus Christus.

Toen Jezus Zijn discipelen vroeg, "Wie zegt gij dat Ik ben?" antwoordde Simon Petrus, *"U bent de Christus, de Zoon van de levende God"* (Matteüs 16:15-16). Dit antwoord klinkt vrij simpel, maar openbaart ook overvloedig dat Jezus de Christus is.

Gedurende Zijn leven, volgde een grote menigte Jezus, omdat Hij de mensen onmiddellijk genas die ziek waren. Dat is inclusief de bezetenen, de lammen, mensen die epilepsie hebben, en anderen die aan verschillende ziektes lijden. Wanneer melaatsen, mensen met koorts, de kreupelen, de blinden en de rest werden genezen door een aanraking van de Jezus, begonnen zij Hem te volgen en te dienen. Hoe wonderlijk moet het zicht hiervan geweest zijn? Als getuigen van zulke wonderen en tekenen, geloofden en aanvaarden mensen Jezus, ontvingen antwoorden op hun levensproblemen, en de zieken ervoeren het werk van genezing. Bovendien, net zoals Jezus mensen in Zijn tijd genas, kan iedereen die tot Jezus komt ook vandaag genezing ontvangen.

Een man die bijna op een kreupele leek, nam deel aan de Vrijdagnacht aanbiddingdienst, vlak na de opening van mijn gemeente. Na een auto-ongeluk, ontving de man therapie gedurende een lange periode in het ziekenhuis. Omdat de pees van zijn knie was verlengt, en omdat zijn kuit niet kon bewegen, was het voor hem onmogelijk om te wandelen. Terwijl hij luisterde naar het Woord wat gepreekt werd, verlangde hij ernaar om Jezus Christus aan te nemen en genezing te ontvangen. Toen ik ernstig begon te bidden voor de man, stond hij onmiddellijk op en begon te wandelen en te rennen. Net zoals de lamme man vlakbij de tempelpoort genaamd de Schone, sprong op zijn voeten en begon te wandelen op het gebed van Petrus (Handelingen 3:1-10), werd een wonderlijk werk van God getoond.

Dit dient als een bewijs dat een ieder die gelooft in Jezus Christus en vergeving ontvangt in Zijn naam volledig genezen kan worden van al zijn ziektes – zelfs wanneer deze niet door de reguliere wetenschap genezen kunnen worden – terwijl zijn lichaam wordt vernieuwd en herstelt. God, Die dezelfde is gisteren, en vandaag en tot in alle eeuwigheid (Hebreeën 13:8) werkt in mensen die geloven in Zijn woord en zoeken overeenkomstig de mate van hun geloof, en Hij geneest verschillende ziektes, opent de ogen van de blinden, en heeft de lammen doen opstaan.

Iedereen die Jezus Christus aanneemt, heeft vergeving van al zijn zonden ontvangen, en is een kind van God geworden en moet nu een leven in vrijheid leven.

Laat ons nu tot in detail onderzoeken waarom iedereen van ons een gezond leven kan leven wanneer wij tot geloof in Jezus Christus komen.

2. Jezus werd gegeseld en liet Zijn bloed vloeien

Voorafgaand aan Zijn kruisiging, werd Jezus gegeseld door de Romeinse soldaten en liet Zijn bloed vloeien in het gerechtshof van Pontius Pilatus. De Romeinse soldaten vanuit Zijn tijd, hadden een sterke gezondheid, waren buitengewoon sterk en goed getraind. Tenslotte, waren zij de soldaten van een keizerrijk die de wereld beheerste in die tijd. De ondragelijke pijn die Jezus doorstond, toen die sterke soldaten hem geselden en sloegen, kan niet nauwkeurig beschreven worden met woorden. Bij iedere geseling, werd de zweep om Jezus lichaam gewikkeld en rukte Zijn vlees weg en bloed stroomde vanuit Zijn lichaam.

Waarom moest Jezus, de Zoon van God, die zonder zonde, schuld of onvolkomenheid was, zo wreed gegeseld worden en bloeden voor ons zondaren? In deze gebeurtenis is een geestelijke betrokkenheid vastgelegd van grote diepte en ontzagwekkende voorziening van God.

1 Petrus 2:24 zegt ons dat door Jezus wonden wij genezen zijn. In Jesaja 53:5 kunnen wij lezen dat wij door Zijn striemen genezen zijn. Ongeveer tweeduizend jaar geleden, werd Jezus, de Zoon van God gegeseld om ons te verlossen van de folteringen van ziekte en het bloed wat Hij liet vloeien was voor onze zonden voor het niet leven door het Woord van God. Wanneer wij geloven in de Jezus, die gegeseld werd en bloedde, zijn wij al bevrijdt van onze ziektes en zijn wij genezen. Dit is een bewijs van Gods verbazingwekkende liefde en wijsheid.

Daarom wanneer u lijdt aan een ziekte als een kind van God, bekeer u dan van uw zonden en geloof dat u reeds genezen bent. Want *"Het geloof nu is de zekerheid der dingen, die men hoopt, en het bewijs der dingen, die men niet ziet"* (Hebreeën 11:1), zelfs wanneer u pijn voelt in de aangetaste delen van uw lichaam, door het geloof waardoor u kunt zeggen, "Ik ben al genezen," zal u inderdaad spoedig genezen zijn. Tijdens mijn lagere school jaren, werd een van mijn ribben gekwetst, en wanneer het van tijd tot tijd terugkeerde, was de pijn zo ondragelijke dat ik moeilijkheden had om te ademen. Een jaar of twee na dat ik Jezus Christus aannam, kwam de pijn terug toen iets zwaars wilde optillen, en ik kon zelfs geen stap meer zetten. Niettemin, omdat ik de kracht van de almachtige God had ervaren en geloofde, bad ik ernstig, "Wanneer ik mij beweeg, zodra ik gebeden heb, geloof ik dat de pijn verdwenen zal zijn en ik zal kunnen wandelen." Terwijl ik alleen maar geloofde in mijn almachtige God, en de gedachte van pijn verwijderde, kon ik opstaan en wandelen. Het leek erop alsof de pijn alleen in mijn verbeelding bestond.

Zoals Jezus ons zei in Marcus 11:24 *"Daarom zeg Ik u, al wat gij bidt en begeert, gelooft, dat gij het hebt ontvangen, en het zal geschieden,"* als wij geloven dat wij reeds genezen zijn, zullen wij inderdaad genezing ontvangen overeenkomstig ons geloof. Wanneer wij echter denken dat wij nog niet genezen zijn vanwege de blijvende pijn, kan de ziekte niet genezen worden. Met andere woorden, enkel wanneer wij het denkraam van ons denken neerhalen, zal alles geschieden overeenkomstig ons geloof.

Dat is de reden waarom God ons zegt dat het zondevolle denken vijandig is voor God (Romeinen 8:7), en spoort ons aan om elke gedachte krijgsgevangen te nemen en te brengen onder de gehoorzaamheid van God (2 Korintiërs 10:5). Bovendien, in Matteüs 8:17 staat er geschreven dat Jezus onze zonden en ziekten op zich genomen heeft. Wanneer u denkt "Ik ben zwak" dan zult u zwak blijven. Ongeacht hoe moeilijk en vermoeiend u leven mag zijn, wanneer u met uw mond belijd, "Ik heb de kracht en genade van God in Mij en de Heilige Geest regeert in mij, en ik ben niet uitgeput" zal de vermoeidheid van u wijken en u zult veranderen in een sterk persoon.

Als we werkelijk in Jezus Christus geloven, die onze zonden en onze ziekten op Zich nam, moeten wij herinneren dat er geen enkele reden voor ons is om te lijden onder een ziekte.

3. Toen Jezus hun geloof zag

Nu we genezen zijn van onze ziekten door de striemen van Jezus, is datgene wat wij nodig hebben, geloof waardoor we dit kunnen geloven. Vandaag, komen vele mensen die niet geloven in Jezus Christus tot Hem met hun ziektes. Sommige mensen worden kort nadat ze Jezus Christus hebben aangenomen genezen, terwijl anderen geen enkele vooruitgang boeken, zelfs niet na maanden van gebed. De laatste groep mensen moet terug kijken en hun geloof onderzoeken.

Met een beschrijving weergegeven in Marcus 2:1-12, zullen wij even kijken hoe de verlamde en zijn vier vrienden, die hun geloof lieten zien, de genezende hand van de Here dwongen om hem vrij te zetten van zijn ziekte, en glorie gaven aan God.

Toen Jezus Kaparneum bezocht, verspreidde het nieuws van Zijn komst zich snel en verzamelde er zich een grote menigte.

Jezus predikte het Woord van God aan hen – de waarheid – en de menigte was aandachtig, ze wilden echt geen enkel woord missen van Jezus. Net op dat moment, brachten vier mannen een lamme met zich mede op een draagmat, maar vanwege de grote menigte, waren zij niet in staat om de lamme dicht bij Jezus te brengen.

Niettemin, gaven ze niet op. In plaats daarvan, zijn zij naar het dak van het huis gegaan waarin Jezus was, en maakten een opening erin, en lieten de mat zakken waarop de lamme lag. Toen Jezus hun geloof zag, zei Hij tot de verlamde, "Zoon, uw zonden zijn vergeven... sta op, neem je matras en ga naar huis," en de verlamde ontving genezing waar hij zo ernstig naar verlangde. Toen hij zijn mat opnam en naar buiten wandelde terwijl alle mensen het zagen, waren de mensen verbaasd en gaven God de glorie.

De verlamde heeft aan zo'n ernstige ziekte geleden dat hij niet in staat was om uit zichzelf te bewegen. Toen de lamme het nieuws van Jezus hoorde, die de ogen der blinden opende, de kreupelen liet lopen, de melaatsen genas, demonen uitdreef, en vele anderen genas die leden aan verschillende ziektes, wilde hij wanhopig Jezus ontmoeten. Want hij had een goed hart, toen de lamme zo'n nieuws hoorde, verlangde hij ernaar om Jezus te ontmoeten eens hij zou ontdekken waar Hij was.

Toen op een dag hoorde de verlamde dat Jezus naar Kaparneum zou komen. Kunt u zich voorstellen hoe blij hij geweest moet zijn toen hij dat nieuws hoorde? Hij moet naar zijn vrienden gezocht hebben die hem konden helpen, en zijn vrienden die gelukkig hetzelfde geloof hadden als zijn eigen geloof, zullen onmiddellijk het verzoek van hun vriend hebben beantwoord. Want de vrienden van de lamme hadden ook het nieuws over Jezus gehoord, en toen hun vriend hen ernstig smeekte, om hem tot Jezus te brengen, stemden zij in.

Wanneer de vrienden van de lamme zijn verzoek hadden genegeerd en hem hadden bespot, zeggende, "Hoe kunt u dit nu geloven, wanneer u het niet eens zelfs hebt gezien?" dan hadden zij zeker niet door al die moeite gegaan om hun vriend te helpen. Maar omdat zij ook geloof hadden, konden zij hun vriend op een matras brengen, ieder van hen droeg een hoek van de matras, en ze namen zelfs de moeite om een opening in het dak van het huis te maken.

Toen zij de grote menigte zagen na deze moeilijke reis, en niet dicht genoeg bij Jezus konden komen, hoe wanhopig en ontmoedigd moeten ze niet geweest zijn? Ze moeten gevraagd en gesmeekt hebben voor een kleine opening. Vanwege het grote aantal mensen die zich hadden verzameld, zagen zij geen opening en ze werden wanhopig. Uiteindelijk, besloten zij om op het dak te gaan van het huis waarin Jezus was, maakten er een opening in, en lieten hun vriend op de matras naar beneden zakken vlakbij Jezus. De lamme kwam en ontmoette Jezus dichter dan alle anderen die aanwezig waren. Door dit verhaal kunnen wij leren hoe ernstig de lamme en zijn vrienden verlangden om tot Jezus te komen.

We moeten aandacht schenken aan het feit dat de lamme en zijn vrienden niet eenvoudig tot Jezus kwamen. Het feit dat zij door al deze moeite gingen om Hem te ontmoeten, enkel na het horen van het nieuws over Hem en het onderwijs wat Hij bracht, geloofden zij. Bovendien, door het overwinnen van deze moeilijkheden, het doorstaan en stoutmoedig benaderen van Jezus, toonden de lamme en zijn vrienden hoe nederig zij waren, toen zij tot Hem kwamen.

Toen de mensen de lamme en zijn vrienden zagen, die naar het dak gingen en er een opening in maakten, hebben de mensen hen misschien veracht of werden boos. Misschien heeft er iets plaatsgevonden wat wij ons niet eens kunnen voorstellen. Voor deze vijf mensen echter, zou niets of niemand hen verhinderen. Eens zij Jezus ontmoetten, zou de lamme genezen worden en zouden zij gemakkelijk het dak kunnen herstellen of de schade kunnen vergoeden.

Onder de vele mensen die lijden onder ernstige ziekte, vandaag de dag, is het moeilijk om een patiënt en zijn familie te vinden die geloof uitdragen. In plaats van Jezus stoutmoedig te benaderen, zeggen zij al snel, "Ik ben ernstig ziek. Ik zou graag willen gaan, maar ik kan niet," of "die-en die, in mijn familie is zo zwak dat zij niet kan worden verplaatst." Het is ontmoedigend om zulke passieve mensen te zien, die enkel wachten tot de appel van de boom in hun mond valt. Deze mensen, hebben gebrek aan geloof, met andere woorden gezegd.

Wanneer mensen hun geloof in God belijden, moet er ook een ernst zijn waardoor zij hun geloof kunnen tonen. Want iemand kan niet het werk van God ervaren door geloof welke ontvangen en opgeslagen is als kennis, enkel wanneer zijn geloof getoond wordt in daden, wordt zijn geloof een levend geloof en zal het fundament van geloof om de God-gegeven geestelijke geloof te ontvangen gebouwd worden. Daarom, net zoals de lamme Gods werk van genezing ontving op zijn fundament van geloof, moeten wij ook wijs worden en Hem onze fundamenten van geloof laten zien – het geloof zelf – zodat wij ook, een leven mogen leiden waarin wij het God-gegeven geestelijke geloof ontvangen en Zijn wonderen ervaren.

4. Uw zonden zijn vergeven

Tot de lamme die voor Hem kwam met behulp van zijn vier vrienden, zei Jezus, "Zoon, uw zonden zijn vergeven," en loste het zondeprobleem zo op. Omdat iemand niet in staat is antwoord te ontvangen wanneer er een muur van zonde tussen hemzelf en God is, loste Jezus eerst het zondeprobleem van de lamme op, die tot Hem gekomen was met een fundament van geloof.

Wanneer u werkelijk uw geloof in God belijd, vertelt de Bijbel ons met welke houding wij tot Hem moeten komen en hoe wij moeten handelen. Door geboden te gehoorzamen zoals, "Doe dit," "Doe dit niet," "Houdt u hieraan," "Verwerp dit" en dergelijke, zal een onrechtvaardig persoon veranderen in een rechtvaardig persoon, en een leugenaar zal veranderen in een betrouwbaar en eerlijk persoon. Wanneer wij het woord van de waarheid gehoorzamen, zullen wij gereinigd worden van onze zonden door het bloed van onze Heer, en wanneer wij vergeving ontvangen, zullen Gods bescherming en antwoorden komen van boven.

Omdat alle ziekten voortkomen uit zonden, kan de voorwaarde waarin God Zijn werk toont, bevestigd worden, eens het zondeprobleem opgelost is. Net zoals een gloeilamp brand en apparaten werken wanneer de elektriciteit via de anode en de bestaande kathode gaat, zal God wanneer Hij iemands fundament van geloof ziet hem vergeven en hem geloof vanuit de hemel schenken, en daardoor een wonder voortbrengen.

"Sta op, neem uw matras op en ga naar huis" (Marcus 2:11). Hoe hartsverwarmend is deze opmerking? Door het geloof te zien van de lamme en zijn vier vrienden, loste Jezus het zondeprobleem op en de lamme ging onmiddellijk wandelen. Na een lange periode is hij uiteindelijk volkomen gezond. Evenzo, wanneer wij antwoordt wensen te ontvangen, niet alleen op ziektes, maar ook op al onze andere problemen, moeten wij herinneren om eerst vergeving te ontvangen en onze harten te reinigen.

Wanneer mensen een klein geloof hebben, zoeken ze misschien een oplossing voor hun ziekte bij de medici en dokters, maar wanneer hun geloof groeit en hun liefde voor God een het leven door Zijn woord, kan ziekte hen niet meer aanraken. Zelfs wanneer zij ziek worden, wanneer zij eerst terug kijken naar hun leven, zich bekeren vanuit de grond van hun hart, en zich afkeren van hun zondige wegen, zullen zij onmiddellijk genezing ontvangen. Ik weet dat velen van u zulke ervaringen hebben gehad.

Enige tijd geleden, kreeg een oudste van mijn gemeente de diagnose dat zijn tussenwervel gescheurd was en plotseling was hij niet meer in staat om te bewegen. Hij keek onmiddellijk terug naar zijn leven, bekeerde zich en ontving mijn gebed. Het genezende werk van God gebeurde ter plaatse en hij werd opnieuw gezond.

Toen haar dochter leed aan pyrexia, besefte de moeder van het kind dat haar opvliegendheid de wortel was van het lijden wat haar dochter onderging, en toen zij zich bekeerde, werd het kind opnieuw gezond.

Om de gehele mensheid te redden die, vanwege Adams ongehoorzaamheid, op het pad van vernietiging waren gekomen, zond God Jezus Christus in deze wereld, en stond Hem toe om vervloekt en gekruisigd te worden aan een houten kruis in onze plaats. Dat komt omdat de Bijbel zegt, *"Zonder bloedstorting geschiedt er geen vergeving,"* (Hebreeën 9:22) en *"Vervloekt is een ieder, die aan het hout hangt"* (Galaten 3:13).

Nu we weten dat het zonde probleem voortkomt uit zonde, moeten wij ons bekeren van al onze zonden en ernstig geloven in Jezus Christus, die ons verlost heeft van al onze ziekten, en dat we door geloof een gezond leven horen te leiden. Vele broederen vandaag de dag, ervaren genezing, getuigen van de kracht van God, en dragen een getuigenis uit van de levende God. Dat laat ons zien, dat iedereen die Jezus Christus aanneemt en vraagt in Zijn naam, alle problemen van ziekte beantwoordt kunnen worden. Ongeacht hoe ernstig iemands ziekte misschien ook is, wanneer hij in zijn hart gelooft, dat Jezus Christus gegeseld werd en Zijn bloed liet vloeien, zal een verbazingwekkende genezende kracht van God getoond worden.

5. Geloof vervolmaakt door daden

Toen de lamme genezing ontving door de hulp van zijn vier vrienden, nadat zij hun geloof lieten zien aan Jezus, wanneer wij de verlangens van ons hart willen ontvangen, moeten wij ook aan God ons geloof laten zien, wat gepaard gaat met daden, welke een fundament van geloof bevestigd. Om de lezers beter te laten begrijpen wat "geloof" is, zal ik het in het kort omschrijven.

In iemands leven in Christus, kan "geloof" verdeeld zijn en uitgelegd worden in twee groepen. "Vleselijk geloof" of "geloof als kennis" verwijst naar het soort geloof waardoor iemand kan geloven vanwege de zichtbare bewijzen en het Woord wat correspondeert met zijn kennis en gedachten. In tegenstelling is "geestelijk geloof" het soort geloof waardoor iemand kan geloven, zelfs wanneer hij niet kan zien en het woord niet correspondeert met zijn kennis en gedachten.

Door "vleselijke geloof" gelooft iemand dat iets zichtbaar enkel geschapen is door iets wat reeds zichtbaar is. Met "geestelijke geloof" welke iemand niet kan bezitten, wanneer hij zijn eigen gedachten en kennis omvat, gelooft iemand dat iets zichtbaars geschapen kan worden uit iets wat niet zichtbaar is. De laatste vereist de vernietiging van iemands kennis en gedachten.

Sinds de geboorte, is een ontelbare hoeveelheid van kennis

geregistreerd in ieders denken. De dingen die hij ziet en hoort worden geregistreerd. De dingen die hij leert in verschillende omgevingen en toestanden worden geregistreerd. Toch is niet elke kennis die geregistreerd is, de waarheid, als iets tegenstrijdig is met het woord van God, moet iemand dat natuurlijk verwerpen. Bijvoorbeeld, op school leert hij dat alle levende dingen of uiteenvallen of ontwikkeld worden tot een meercellig organisme, maar in de Bijbel leert hij dat alle levende dingen geschapen werden overeenkomstig hun soort door God. Wat zou hij moeten doen? De leugen van de evolutietheorie is al tentoongesteld, zelfs door de wetenschap, keer op keer. Hoe is het mogelijk, zelfs met de menselijke redenering, om een aap te laten evolueren tot een mens en een kikker zou geëvolueerd zijn tot een vogel, over een periode van zo'n honderden miljoen jaren? Zelfs logica geeft het voordeel aan de schepping.

Evenzo, wanneer "vleselijk geloof" veranderd in "geestelijk geloof" terwijl uw twijfels worden weggegooid, zult u gaan staan op de rots van geloof. Bovendien, wanneer u uw geloof in God belijd, moet u het Woord wat opgeslagen is als kennis ook toepassen in de praktijk. Wanneer u belijd dat u in God gelooft, moet u uzelf laten zien als het licht door de dag des Heren te heiligen, uw buren lief te hebben en het woord der waarheid te gehoorzamen.

Wanneer de lamme in Marcus 2 thuis was gebleven, zou hij niet genezen zijn. Toch geloofde hij dat hij genezen zou worden eens hij bij Jezus zou komen en toonde zijn geloof door elke beschikbare methode toe te passen en te gebruiken, en zo kon de lamme genezing ontvangen. Zelfs wanneer een persoon verlangt om een huis te bouwen en enkel bidt, "Heer, ik geloof dat het huis gebouwd zal worden," zullen honderd of duizend gebeden niet als gevolg hebben dat het huis vanzelf gebouwd wordt. Hij moet zijn deel doen van het werk door het fundament voor te bereiden, de grond op te graven, steunpilaren te plaatsen, en de rest, in het kort gezegd, er zal "gewerkt" moeten worden.

Wanneer u of iemand van uw familie lijdt aan een ziekte, geloof dan dat God vergeving zal schenken en het genezende werk zal getoond worden wanneer Hij ziet dat iedereen in uw familie verenigd is in liefde, de eenheid welke Hij beschouwd als het fundament van geloof. Sommigen zeggen dat er een tijd voor alles is, dan zal er ook een tijd van genezing zijn. Herinner echter wel dat het de "tijd" is wanneer de mens het fundament van geloof voor God bevestigt.

Ik bid, dat u antwoord mag ontvangen op uw ziekte, alsook op alle andere dingen die u vraagt, en God de glorie geeft in de naam van onze Heer!

Hoofdstuk 5

De kracht om ziekten te genezen

En Hij riep Zijn twaalf discipelen
tot Zich en gaf hun macht over onreine geesten
om die uit te drijven en om alle ziekte
en alle kwaal te genezen.

Matteüs 10:1

1. De kracht om ziekten en kwalen te genezen

Er zijn vele manieren om de levende God te bewijzen aan ongelovigen, en genezing van ziektes is een van deze manieren. Wanneer mensen lijden aan een ongeneselijke ziekte of een terminale ziekte, waarbij de medische wetenschap nutteloos is, en zij genezing ontvangen, zullen zij niet langer de kracht van God, de Schepper ontkennen, maar gaan geloven in die kracht en Hem de glorie geven.

Ondanks hun rijkdom, autoriteit, beroemdheid en kennis, zijn vele mensen vandaag de dag niet in staat om het probleem van ziekte te overwinnen en worden achtergelaten in wanhoop. Ondanks dat een groot aantal ziektes niet genezen kunnen worden, zelfs niet met de meest ontwikkelde vorm van medische wetenschap, wanneer mensen geloven in de almachtige God, op Hem vertrouwen, en het probleem van ziekte aan Hem toevertrouwen, kunnen alle ongeneselijke en terminale ziektes genezen worden. Onze God is de alwetende God, waar niets onmogelijk voor is, en die dingen kan scheppen vanuit niets, die een droge stok kan laten ontspruiten (Numeri 17:8) en de doden kan opwekken (Johannes 11:17-44).

De kracht van onze God kan inderdaad elke ziekte en kwaal genezen. In Matteüs 4:23 zien we, *"Jezus trok rond in geheel Galilea en leerde in hun synagogen en verkondigde het evangelie van het Koninkrijk en genas alle ziekte en alle kwaal onder het volk,"* en in Matteüs 8:17, lezen we dat, *"Opdat vervuld zou worden, hetgeen gesproken werd door de profeet Jesaja, toen hij zeide: 'Hij heeft onze zwakheden op Zich genomen en onze ziekten heeft Hij gedragen.'"* In dit Schriftgedeelte lezen we over "ziekte", "kwalen" en "zwakheden."

Hier verwijst "zwakheden" niet naar een relatieve ziekte zoals een verkoudheid of een ziekte van vermoeidheid. Het is een abnormale toestand waarin de functies van iemands lichaam, lichaamsdelen, of organen verlamd zijn of verstorven zijn mede door een ongeluk of een zonde van zijn ouders of zichzelf. Bijvoorbeeld, degene die stom, doof, blind, kreupel, lijden aan kinderverlamming (anders bekend als polio), en de rest – degene die niet genezen kunnen worden door de menselijke kennis – kunnen ondergebracht worden als "kwalen." Bovendien, aan de toestanden veroorzaakt door een ongeluk of een fout van zijn ouders of zichzelf, net zoals in het geval van de man die blind geboren werd in Johannes 9:1-3, zijn dat mensen die lijden aan kwalen, zodat de glorie van God gezien kan worden. En toch komen deze gevallen maar heel uitzonderlijk voor omdat de meeste veroorzaakt worden door de ontkenning en fouten van mensen.

Wanneer mensen zich bekeren en Jezus Christus aannemen terwijl zij proberen in God te geloven, geeft Hij hen de Heilige Geest als een geschenk. Wanneer de Heilige Geest met hen is, met uitzondering tot de ernstige en serieuze gevallen, kunnen de meeste ziektes genezen worden. Het feit alleen al dat ze de Heilige Geest ontvangen hebben, staat het vuur van de Heilige Geest toe om op hen neer te komen en maakt de wonde dicht. Bovendien, wanneer iemand lijd aan een kritieke ziekte, wanneer hij ernstig bidt in geloof, de muur van zonde vernietigd tussen hemzelf en God, zich afkeert van zijn zonden en zich bekeert, zal hij ook genezing ontvangen overeenkomstig zijn geloof.

"Het vuur van de Heilige Geest" verwijst naar de doop van vuur welke plaats vindt wanneer iemand de Heilige Geest ontvangt, en in Gods ogen is dat Zijn kracht. Toen de geestelijke ogen van Johannes de Doper geopend werden en hij zag, beschreef hij het vuur van de Heilige Geest als "de doop met vuur." In Matteus 3:11, zegt Johannes de Doper, *"Ik doop u met water tot bekering, maar Hij, die na mij komt, is sterker dan ik; ik ben niet waardig Hem Zijn schoenen na te dragen; die zal u dopen met de Heilige Geest en met vuur."* De doop met vuur komt niet zomaar op gelijk welk moment, maar alleen wanneer iemand gevuld is met de Heilige Geest. Omdat het vuur van de Heilige Geest altijd op degene komt die gevuld is met de Heilige Geest, zullen al zijn zonden en ziektes worden verteerd en hij zal gezond gaan leven.

Wanneer de doop met vuur de vloek van ziekte verteerd, zullen de meeste ziektes genezen worden; kwalen verteren echter niet door de doop met vuur. Hoe dan kunnen kwalen genezen worden?

Alle kwalen kunnen genezen worden door de God-gegeven kracht. Daarom vinden we in Johannes 9:32-33, *"Van eeuwigheid is het niet gehoord, dat iemand de ogen der blindgeborene geopend heeft. Als deze niet van God was gekomen, Hij had niets kunnen doen."*

In Handelingen 3:1-10 staat de voorstelling waarin Petrus en Johannes, die beiden de kracht van God hadden ontvangen, een man helpen om op te staan, die van geboorte verlamd was, die aan het bedelen was bij een tempelpoort genaamd, "de Schone." Toen Petrus tot hem zei in vers 6, *"Zilver en goud bezit ik niet, maar wat ik heb geef ik u; in de naam van Jezus Christus, de Nazoreer: Wandel!"* en hij nam de lamme bij zijn rechter hand, en onmiddellijk werden de voeten en de enkels van de man sterk en begon hij God te prijzen. Toen de mensen de man, die voorheen lam was, zagen wandelen en God prijzen, waren zij vervuld met ontzag en verbazing.

Wanneer iemand genezing wenst te ontvangen, moet hij het geloof bezitten waardoor hij gelooft in Jezus Christus. Ondanks dat de lamme man een bedelaar was, omdat hij geloofde in Jezus Christus kon hij genezing ontvangen, doordat degene die de kracht van God hadden ontvangen voor hem baden. Dat is de reden waarom de Schriften ons zeggen, *"En op het geloof in zijn naam heeft zijn naam deze, die gij ziet en kent, sterk gemaakt; en het geloof door Hem heeft hem dit volkomen herstel gegeven in u aller tegenwoordigheid"* (Handelingen 3:16).

In Matteus 10:1, vinden we terug dat Jezus Zijn discipelen de kracht geeft tegen de onreine geesten, om hen uit te werpen, en om allerlei soorten ziekten en kwalen te genezen. In het Oude Testament, gaf God kracht om kwalen te genezen aan Zijn geliefde profeten, inclusief aan Mozes, Elia, en Elisa; in het Nieuwe Testament, werd Gods kracht gegeven aan apostelen zoals Petrus en Paulus en getrouwe werkers zoals Stefanus en

Filippus.

Eens iemand de kracht van God ontvangt, is er niets meer onmogelijk, omdat hij de lamme kan helpen, degene kan genezen die lijden aan kinderverlamming en hen opnieuw kan laten wandelen, die blinde ogen kan openen, dove oren kan openen en de tong van de stomme, los kan maken.

2. Verschillende manieren om kwalen te genezen

1) De kracht van God om de doofstomme man te genezen

In Marcus 7:31-37 staat het verhaal waarin de kracht van God de doofstomme man geneest. Toen de mensen de man tot Jezus brachten, en Hem smeekten om Zijn hand op de man te leggen, nam Jezus de man terzijde en stak Zijn vingers in de oren van man. Toen spuugde Hij en raakte de tong van de man aan. Hij keek op ten hemel en met een diepe zucht zei Hij tot hem, *"Efata" (wat betekent, 'Wees genezen')* (v. 34). Onmiddellijk werden de oren van man geopend, werd zijn tong losgemaakt en begon hij vloeiend te spreken.

Kon God, die alles in dit heelal geschapen heeft door Zijn woord, de man ook niet genezen door Zijn woord? Waarom nam Jezus Zijn vingers en stopte die in de oren van de man? Omdat een doof persoon geen geluid kan horen en communiceert via gebarentaal, was de man niet in staat om hetzelfde geloof te hebben als anders, zelfs niet wanneer Jezus met gebaren had gesproken. Jezus kende het gebrek aan geloof van de man, Jezus stak Zijn vingers in de oren van de man, zodat door de aanraking van de vingers, de man geloof zou bezitten waardoor hij genezen kon worden. Het belangrijkste element is geloof waardoor iemand gelooft dat hij genezen kan worden. Jezus had de man kunnen genezen door Zijn woord, maar omdat de man niet in staat was om te horen, plantte Jezus geloof en stond de man zo toe om genezing te ontvangen door zo'n methode toe te passen.

Waarom spuugde Jezus dan en raakte de tong van de man aan? Het feit dat Jezus spuugde zegt ons dat een boze geest de oorzaak was van de stomheid van de man. Wanneer iemand in uw gezicht spuugt, zonder een geldige reden, hoe zou u dit aanvaarden? Het is een handeling van ontering en een immoreel gedrag welke volledig iemands karakter negeert. Omdat spugen over 't algemeen disrespect symboliseert en ontwaarding voor iemand, spuugde Jezus ook om de boze geest uit te drijven.

In Genesis, zien we dat God de slang vervloekt om stof te eten de rest van zijn leven. Dit, met andere woorden, verwijst naar Gods vloek op de vijand duivel en satan, die in de slang waren gegaan, om de mens tot prooi te maken, die gemaakt waren uit het stof. Daarom, sinds de tijd van Adam, heeft de vijand duivel ernaar gestreefd om de mens tot prooi te maken en zoekt hij elke gelegenheid om de mens te folteren en te verslinden. Net zoals vliegen, muggen en maden in vuile plaatsen verblijven, verblijft de vijand duivel in mensen wiens harten gevuld zijn met zonde, boosheid, opvliegendheid, en neemt hun gedachten gevangen. We moeten beseffen dat alleen degene die leven en handelen door het Woord het van God genezen kunnen worden van hun ziekten.

2) De kracht van God om de blinde man te genezen

In Marcus 8:22-25, lezen we het volgende:

En zij kwamen te Betsaida. En zij brachten een blinde tot Hem en smeekten Hem deze aan te raken. En Hij vatte de blinde bij de hand en bracht hem buiten het dorp, en Hij spuwde in zijn ogen, legde hem de handen op en vroeg hem. Ziet gij iets? En hij zag op en zeide: Ik zie mensen, want ik zie hen als bomen wandelen. Vervolgens legde Hij weder de handen op zijn ogen, en hij zag duidelijk en was hersteld.

Toen Jezus voor deze blinde man bad, spuugde Hij in de ogen van de man. Waarom ging de man niet de eerste keer zien toen Jezus voor hem bad, maar gebeurde dat pas na de tweede keer dat Jezus bad? Door Zijn kracht, had Jezus de man in een keer volledig genezen kunnen hebben, maar omdat de man een klein geloof had, bad Jezus een tweede keer en hielp hem om geloof te bezitten. Door dit, onderwijst Jezus ons dat wanneer mensen niet in staat zijn om genezing te ontvangen na het eerste gebed, behoren wij twee, drie of zelfs vier keer voor zulke mensen te bidden, totdat er een zaad van geloof geplant is, waardoor zij kunnen gaan geloven in hun genezing.

Jezus voor wie niets onmogelijk was, bad en bad opnieuw toen Hij wist dat de blinde man niet genezen kon worden door zijn geloof. Wat zouden wij moeten doen? Door meer te smeken en te bidden, moeten wij volharden tot we genezing ontvangen.

In Johannes 9:6-9 zien we hoe een man die blind geboren was, genezing ontving, nadat Jezus op de grond spuugde, modder maakte met Zijn speeksel, en het op de ogen van de blinde aanbracht. Waarom genas Jezus hem door op de grond te spugen, modder te maken met Zijn speeksel en het op de ogen van de blinde leggen? Het speeksel verwijst hier niet naar iets onreins; Jezus spuugde op de grond om modder te kunnen maken en het aan te kunnen brengen op de ogen van de blinde. Jezus maakte modder met Zijn speeksel omdat het water schaars was. Wanneer een kind een steenpuist of een zwelling heeft, of gebeten is door een insect, brengen ouders vaak hun eigen speeksel aan op die plaats, en dat is meestal heel effectief. We moeten de liefde van onze Heer begrijpen, die verschillende dingen gebruikte om de zwakke te helpen met het verkrijgen van geloof.

Toen Jezus een beetje modder op de ogen van de blinde man legde, voelde de man de sensatie van de modder in zijn ogen en kreeg geloof zodat hij genezen kon worden. Nadat Jezus geloof gaf aan de blinde man die een klein geloof had, opende Hij door Zijn kracht de ogen van de man.

Jezus zegt ons dat, *"Indien gij lieden geen wonderen en tekenen ziet, zult gij niet geloven"* (Johannes 4:48). Vandaag de dag is het onmogelijk om mensen te helpen om dat soort geloof te bezitten waardoor iemand kan geloven door alleen maar het Woord in de Bijbel te lezen, zonder getuige te zijn van de wonderen van genezing. In een eeuw waarin de wetenschap en de menselijke kennis ontzagwekkend vooruit gaat, is het buitengewoon moeilijk om geestelijk geloof te bezitten om te geloven in een onzichtbare God. We hebben vaak gehoord, "Zien is geloven." Evenzo, omdat het geloof van mensen zou groeien en het werk van genezing des te sneller plaats zou vinden, wanneer zij tastbare bewijzen van de levende God zien, zijn "wonderlijke wonderen en tekenen" absoluut noodzakelijk.

3) De kracht van God geneest een lamme

Toen Jezus het Goede Nieuws verkondigde en de mensen genas die leden aan allerlei soorten ziektes lieten Zijn discipelen ook de kracht van God zien.

Toen Petrus de lamme bedelaar beval, *"In de naam van Jezus Christus, de Nazoreeër, wandel"* (v. 6) en hem bij de rechter hand nam, werden de voeten en enkels van de man onmiddellijk sterk, en sprong hij op zijn voeten en begon te wandelen (Handelingen 3:6-10). Toen de mensen de ontzagwekkende wonderen en tekenen zagen die getoond werden door Petrus nadat hij de kracht van God had ontvangen, gingen meer mensen geloven in de Here. Ze brachten zelfs hun zieken in de straten en legden hen op bedden en matrassen zodat ten minste de schaduw van Petrus op hen kon vallen wanneer hij voorbij kwam. De menigten kwamen ook van andere steden, rondom Jeruzalem, brachten hun zieken en degene die gekweld werden door demonen, en allen werden genezen (Handelingen 5:14-16).

In Handelingen 8:5-8 zien we, *"En Filippus daalde af naar de stad van Samaria en predikte hun de Christus. En toen de scharen Filippus hoorden en tekenen zagen, die hij deed, hielden zij zich eenparig aan hetgeen door hem gezegd werd. Want van velen die onreine geesten hadden, gingen deze onder luid geroep uit en vele verlamden en kreupelen werden genezen; en er kwam grote blijdschap in die stad."*

In Handelingen 14:8-12, lezen we van een man die verlamd was in zijn voeten, hij was van geboorte af lam en had nooit gelopen. Na het luisteren naar de boodschap van Paulus, en het bezitten van geloof waardoor hij redding kon ontvangen, beval Paulus hem, *"Sta op uw voeten!"* (v. 10) en onmiddellijk sprong de man op en ging wandelen. Degene die getuigen waren van dit voorval, verklaarden *"De goden zijn, in mensengedaante, tot ons neergedaald!"* (v. 11)

In Handelingen 19:11-12 zien we dat *"En God deed buitengwone krachten door de handen van Paulus, zodat ook zweetdoeken of gordeldoeken van zijn lichaam aan de zieken gebracht werden en hun kwalen van hen weken en de boze geesten uitvoeren."* Hoe verbazingwekkend en wonderlijk is de kracht van God?

Door mensen wiens harten heiligheid hebben bereikt en de liefde vervullen zoals Petrus, Paulus en de diakenen Filippus en Stefanus dat deden, wordt de kracht van God ook vandaag getoond. Wanneer mensen tot God komen met geloof en ernaar verlangen om genezen te worden van hun kwalen, kunnen zij genezen worden door gebed te ontvangen van Gods dienstknechten door wie Hij werkt.

Sedert de grondlegging van Manmin, heeft de levende God

mij toegestaan om een verscheidenheid van wonderlijke tekenen en wonderen te laten zien, geloof te planten in de harten van de leden en grote opwekking te brengen.

Er was een keer een vrouw, die onderworpen was aan het misbruik van haar alcoholverslaafde man. Toen haar oogzenuwen verlamden en de dokters alle hoop hadden opgegeven na ernstig lichamelijk misbruik, kwam de vrouw naar Manmin na het horen van het nieuws. Terwijl ze vurig deelnam aan de aanbiddingdiensten en ernstig bad voor haar genezing, ontving ze mijn gebed en ging weer zien. De kracht van God had haar oogzenuwen volledig herstelt, welke permanent verloren leek te zijn.

Tijdens een andere gelegenheid, was er een man die leed aan een ernstig letsel waarin op acht plaatsen zijn ruggengraat verbrijzeld was. Terwijl het onderste deel van zijn lichaam verlamd was, stond hij op het punt om beide benen te verliezen, door een amputatie. Nadat hij Jezus Christus aannam, kon hij de amputatie voorkomen, maar moest toch nog met krukken lopen. Hij begon toen deel te nemen aan de Manmin Prayer Center samenkomsten en een korte tijd later tijdens de Vrijdagnacht aanbiddingdienst, na het ontvangen van mijn gebed, gooide de man zijn krukken weg, en begon op zijn twee voeten te lopen en is sedertdien een boodschapper van het evangelie geworden.

De kracht van God kan kwalen volledig genezen, die ongeneselijk zijn voor de medische wetenschap. In Johannes 16:23 belooft Jezus ons, *"En te dien dage zult gij Mij niets vragen. Voorwaar, voorwaar, Ik zeg u, als gij de Vader om iets bidt, zal Hij het u geven in Mijn naam."* Ik bid dat u mag geloven in de ontzagwekkende kracht van God, het ernstig mag zoeken en antwoord mag ontvangen op alle problemen van uw ziektes, en een boodschapper mag worden die het Goede Nieuws van de levende en almachtige God uitdraagt, in de naam van onze Heer!

Hoofdstuk 6

Manieren om iemand te genezen die bezeten is

En toen Hij een huis was binnengegaan,
vroegen zijn discipelen Hem,
terwijl zij met Hem alleen waren:
"Waarom hebben wij hem niet kunnen uitdrijven?"
En Hij zeide tot hen:
"Dit geslacht kan door niets uitvaren,
tenzij door gebed."

Marcus 9:28-29

1. In de laatste dagen zal de liefde verkillen

De voortgang van de moderne wetenschappelijke ontwikkeling en de ontwikkeling van de industrie hebben materiële voorspoed voort gebracht en hebben mensen toegestaan om meer comfort en voordeel na te jagen. Tegelijkertijd, hebben deze twee factoren geresulteerd in vervreemding, overmatige zelfzuchtig, verraad, en een minderwaardigheidscomplex onder mensen, terwijl liefde verminderd, zijn begrip en vergeving steeds moeilijker te vinden.

Terwijl Matteüs 24:12 ons voorspelt, *"En omdat de wetsverachting toeneemt, zal de liefde van de meesten verkillen,"* zal er een tijd komen wanneer de goddeloosheid zal toenemen en de liefde verkillen, een van de meest ernstige problemen in onze gemeenschap, zijn het lijden van mensen met zulke geestelijke kwalen zoals zenuwinzinking en schizofrenie.

De geestelijke instellingen isoleren vele patiënten die niet in staat zijn om een normaal leven te lijden, maar toch nog geen geschikte geneeswijze hebben gevonden. Wanneer er na jaren geen voortgang plaatsvindt, worden families moe en in vele gevallen negeren of verlaten ze zulke patiënten als wezen. Deze patiënten, leven ver en zonder familie, en zijn niet in staat om te functioneren zoals gewone mensen dat kunnen. Ondanks dat ze echte liefde nodig hebben van hun geliefden, tonen niet veel mensen hun liefde aan zulke mensen.

In de Bijbel zien we vele voorbeelden waarin Jezus mensen geneest die bezeten zijn door demonen. Waarom staan deze opgeschreven in de Schriften? Terwijl het einde der tijden nadert, verkilt de liefde en Satan foltert mensen, veroorzaakt dat zij lijden aan geestesziektes, en neemt hen aan als de kinderen van de duivel. Satan foltert, verziekt, verward en besmet de gedachten van mensen met zonde en boosheid. De maatschappij is gedompeld in zonde en boosheid, mensen zijn snel na-ijverig, haten, twisten, en vermoorden anderen. Terwijl de laatste dagen naderen, moeten de christenen in staat zijn om te onderscheiden de waarheid van de leugen, hun geloof bewaren en een gezond lichamelijk en geestelijk leven leiden.

Laat ons onderzoeken de oorzaken achter satans aandringen en folteringen, alsook het toenemen van mensen die bezeten zijn door satan en demonen en lijden aan geestesziekten in onze moderne maatschappij waarin de wetenschap veel vooruit is gegaan.

2. Het proces van bezeten worden door Satan

Iedereen heeft een geweten en de meeste mensen gedragen zich en leven overeenkomstig hun geweten, maar ieders standaard van geweten en de resultaten die daaruit voortkomen verschillen van persoon tot persoon. Dat komt omdat iedereen geboren en opgevoed wordt in een andere omgeving en toestanden, andere dingen gehoord, gezien en geleerd heeft van zijn ouders, thuis en op school en andere informatie opgeslagen heeft.

Aan de ene kant, zegt het Woord van God ons, welke de

waarheid is, *"Laat u niet overwinnen door het kwade, maar overwin het kwade door het goede"* (Romeinen 12:21), en spoort ons aan, *"Maar Ik zeg u, om de boze niet te weerstaan, doch wie u een slag geeft op de rechterwang, keer hem ook de andere toe"* (Matteüs 5:39). Omdat het Woord onderwijst over liefde en vergeving, wordt er een standaard van oordeel "verliezen is winnen" ontwikkeld in degene die geloven. Aan de andere kant, wanneer iemand geleerd heeft dat hij wraak moet nemen, wanneer hij getroffen wordt, zal hij een oordeel bereiken welke zegt dat weerstaan een dappere daad is terwijl vermijden zonder weerstand lafhartig is. Drie factoren – ieders persoonlijke standaard van oordeel, of iemand nu leeft in gerechtigheid of in ongerechtigheid, en hoeveel hij gecompromitteerd heeft met de wereld – zullen verschillende gewetens vormen in verschillende mensen.

Omdat mensen hun leven verschillend geleefd hebben en hun geweten dus anders is, gebruikt Gods vijand Satan dit om mensen te verleiden om te leven overeenkomstig de zondige natuur, in tegenstelling tot gerechtigheid en goedheid, door boze gedachten op te wekken en hen aan te sporen tot zonde.

In de harten van mensen zijn conflicten tussen het verlangen van de Heilige Geest waardoor zij horen te leven door de wet van God, en het verlangen van de zondevolle natuur waardoor mensen gedreven worden om hun vleselijke verlangens te volgen. Daarom spoort God ons aan in Galaten 5:16-17, *"Dit bedoel ik, wandelt door de Geest en voldoet niet aan het begeren van het vlees. Want het begeren van het vlees gaat in tegen de Geest en dat van de Geest tegen het vlees – want dezen staan tegenover elkander – zodat gij niet doet wat gij maar wenst."*

Wanneer wij leven door de begeertes van de Heilige Geest, zullen wij het koninkrijk van God erven, maar wanneer wij de begeertes van de zondevolle natuur volgen en niet leven door het woord van God, zullen wij Zijn koninkrijk niet erven. Dat is de reden waarom God ons waarschuwt in Galaten 5:19-21:

> *Het is duidelijk wat de werken van het vlees zijn: hoererij, onreinheid, losbandigheid, afgoderij, toverij, veten, twist, afgunst, uitbarstingen van toorn, zelfzucht, tweedracht, partijschappen, nijd, dronkenschap, brasserijen en dergelijke, waarvoor ik u waarschuw, zoals ik u gewaarschuwd heb, dat wie dergelijke dingen bedrijven, het Koninkrijk Gods niet zullen beërven.*

Hoe worden mensen dan bezeten door demonen?

Door iemands gedachte, wekt Satan de begeerten van de zondevolle natuur op in een persoon wiens hart gevuld is met de zondevolle natuur. Wanneer hij niet in staat is om zijn gedachten te beheersen en handelt overeenkomstig zijn zondevolle natuur, komt er een schuldgevoel en wordt zijn hart nog slechter. Wanneer zulke handelingen van de zondevolle natuur zich opstapelen, zal de persoon uiteindelijk niet meer in staat zijn om zichzelf te beheersen en in plaats daarvan doen datgene wat satan hem aanreikt om te doen. Zo'n persoon is dan "bezeten" door satan, zoals men dat zegt.

Bijvoorbeeld, laat ons veronderstellen dat er een luie man is die niet graag werk, maar in plaats daarvan verkiest om te drinken en tijd te verspillen. Zo'n persoon zal satan aan sporen en zijn gedachten beheersen zodat hij zal blijven drinken en zijn tijd zal blijven verspillen en het lijkt alsof werken een grote last is. Satan zal hem ook wegtrekken van goedheid welke de waarheid is, zijn energie beroven om zijn leven te ontwikkelen, en hem veranderen in een onbekwaam en nutteloos persoon.

Wanneer hij leeft en zich gedraagt overeenkomstig de gedachten van satan, zal de man niet in staat zijn om te ontvluchten van satan. Bovendien, wordt zijn hart slechter en hij heeft zichzelf al overgegeven aan de boze gedachten, in plaats van zijn hart te beheersen, zal hij alles doen om hem te behagen. Wanneer hij boos wil worden, zal hij bevrediging vinden in zijn boosheid; wanneer hij wil vechten of wil argumenteren, zal hij zoveel vechten en argumenteren als hij wilt, en wanneer hij wil drinken, zal hij niet in staat zijn om zich te weerhouden van drinken. Wanneer dit zich ophoopt, zal hij op een zeker moment niet meer in staat zijn om zijn gedachten en hart te beheersen en zal hij alle dingen tegen zijn wil in doen. Na dit proces, wordt hij door demonen bezeten.

3. De oorzaak van bezetenheid door demonen

Er zijn twee hoofd redenen voor iemand om aangespoord te worden door satan en later bezeten te zijn door demonen.

1) De ouders

Wanneer de ouders God verlaten, afgoden aanbidden welke God haat en afschuwelijk vind, of buitensporig kwaad hebben bedreven, dan zullen de machten van boze geesten zich binnen dringen in hun kinderen en wanneer ze niet belemmerd worden, zullen ze bezeten worden door demonen. In zo'n geval, moeten de ouders tot God komen, zich volledig bekeren van hun zonden, zich afkeren van hun zondevolle wegen en smeken tot God voor hun kinderen. God zal dan het middelpunt van de harten van de ouders zien en het werk van genezing laten zien, en de ketenen van ongerechtigheid verbreken.

2) Zichzelf

Zonder te letten op de zonden van de ouders, kan iemand bezeten zijn door demonen mede door zijn eigen leugens, inclusief zonde, trots en de rest. Daar de persoon niet zelf kan bidden en zich kan bekeren, kunnen de ketenen van ongerechtigheid verbroken worden, wanneer hij gebed ontvangt van een dienstknecht van God die Zijn kracht laat zien. Wanneer de demonen worden uitgedreven, en hij tot zich zelf komt, zou hij onderwezen moeten worden door het Woord van God zodat zijn hart, wat eens vervuld was met zonden en boosheid, gereinigd kan worden en een hart van waarheid zal worden. Daarom wanneer een van de familieleden of kennissen bezeten is door demonen, moet de familie iemand aanwijzen die zal bidden in naam van de persoon. Dat omdat het hart en het denken van een bezeten persoon beheerst wordt door de demonen en hij niet in staat is om iets te doen overeenkomstig zijn eigen wil. Hij kan noch bidden noch luisteren naar het woord van waarheid; en hij kan dus niet leven door de waarheid. Daarom moet de gehele familie of een persoon van de familie voor hem bidden in liefde en met bewogenheid, zodat de bezeten lid van de familie nu door geloof kan gaan leven. Wanneer God de toewijding en liefde in die familie ziet, zal Hij Zijn werk van genezing openbaren. Jezus zei ons om van onze naaste te houden als van onszelf (Lucas 10:27). Wanneer wij niet in staat zijn om te bidden en ons toe te wijden voor een van onze eigen familieleden die door demonen bezeten is, hoe kan er dan van ons gezegd worden dat we van onze naasten houden?

Wanneer de familie en vrienden van degene die bezeten is door demonen de oorzaak vaststellen, zich bekeren, bidden in het geloof van de kracht van God, zichzelf toewijden in liefde, en een zaad van geloof zaaien, dan zullen de machten van de demonen verdreven worden en zal hun geliefde veranderen in een persoon van waarheid, die God zal beschermen tegen de demonen.

4. Manieren om mensen te genezen die bezeten zijn door demonen

In vele gedeeltes in de Bijbel staan verhalen van mensen die bezeten waren door demonen, die genezen werden. Laat ons eens kijken hoe zij genezing ontvingen.

1) U moet de machten van demonen afwijzen

In Marcus 5:1-20 zien we een man die bezeten was door een onreine geest. Vers 3-4 geeft ons een verklaring over de man, zeggende, *"Die verblijf hield in de graven, en niemand had hem meer kunnen binden zelfs niet met een keten, want hij was dikwijls met voetboeien en ketenen gebonden geweest en de ketenen waren door hem stukgetrokken en de voetboeien vernield, en niemand was bij machte hem te bedwingen."* We leren ook uit Marcus 5:5-7, zeggende, *"En voortdurend, dag en nacht, was hij in de graven en in de bergen, schreeuwende en zichzelf met stenen slaande. En toen hij Jezus uit de verte zag, liep hij toe, viel voor Hem neder, en zeide, roepende met luider stem: Wat hebt Gij met mij te maken, Jezus, Zoon van de Allerhoogste God? Ik bezweer u bij God, dat gij mij niet pijnigt."*

Dit was in antwoord op datgene wat Jezus had bevolen, *"Onreine geest, ga uit van deze man!"* (v. 8) Dit laat ons zien dat zelfs wanneer mensen niet weten dat Jezus de Zoon van God is, de onreine geest precies wist wie Jezus was en wat voor kracht Hij had.

Toen vroeg Jezus, *"Hoe is uw naam?"* en de bezetene zei, *"Mijn naam is Legioen, want wij zijn talrijk"* (v. 9). Hij smeekte ook opnieuw en opnieuw om niet uitgeworpen te worden buiten het gebied, en zij smeekten Hem om hen in de zwijnen te zenden. Jezus vroeg niet naar de naam, omdat Hij die niet wist, Hij vroeg naar de naam als een rechter die de onreine geest ondervroeg. Bovendien, betekent "Legioen" dat er vele demonen verblijf in de man hielden.

Jezus stond "Legioen" toe om in de kudde zwijnen te varen, welke langs de helling de zee in stormden en verdronken. Wanneer wij demonen uitdrijven, moeten wij het doen met een woord van de waarheid, welke gesymboliseerd wordt met water. Toen de mensen de man zagen, die niet vastgebonden kon worden door de kracht van mensen, volledig genezen, zittend, gekleed en goed bij zijn verstand, werden zij bang.

Hoe moeten wij vandaag de dag demonen uitdrijven? Ze moeten uitgedreven worden in de naam van Jezus Christus in het water, welke het Woord symboliseert, of het vuur, welke de Heilige Geest symboliseert, zodat hun kracht verloren gaat. En toch omdat demonen geestelijke wezens zijn, zullen zij uitgedreven worden wanneer een persoon bidt met kracht om demonen uit te drijven. Wanneer een persoon zonder geloof probeert om hen uit te drijven, zullen de demonen hem kleineren of bespotten. Daarom om iemand te genezen die bezeten is door demonen, moet een man van God die de kracht heeft om deze uit te drijven voor hem bidden.

Nu en dan zullen demonen echter niet uitgedreven worden, zelfs niet wanneer een man van God hen uit drijft in de naam van Jezus Christus. Dat komt omdat de persoon die bezeten is door demonen de Heilige Geest heeft gelasterd of heeft tegen gesproken (Matteüs 12:31; Lucas 12:10). Genezing kan niet getoond worden aan mensen die bezeten zijn door demonen wanneer zijn opzettelijk blijven zondigen, nadat zij tot de kennis der waarheid gekomen zijn (Hebreeën 10:26).

Bovendien in Hebreeën 6:4-6 zien we, *"Want het onmogelijk, degenen die eens verlicht zijn geweest, van de hemelse gave genoten hebben en deel gekregen hebben aan de Heilige Geest, en het goede Woord Gods en de krachten der toekomende eeuw gesmaakt hebben, en daarna afgevallen zijn, weder opnieuw tot bekering te brengen, daar zij wat hen betreft de Zoon van God opnieuw kruisigen en tot een bespotting maken."*

Nu we dit geleerd hebben, moeten wij onszelf wapenen, zodat we nooit de zonde zullen doen waarvoor we geen vergeving kunnen ontvangen. We moeten ook onderscheiden in waarheid of iemand die bezeten is door demonen, wel of niet genezen kan worden door gebed.

2) Wapen jezelf met de waarheid

Eens demonen zijn uitgedreven, moeten de mensen hun harten vullen met leven en waarheid door ijverig het Woord van God te lezen, te loven en te prijzen en te bidden. Zelfs wanneer de demonen uitgedreven zijn, wanneer mensen in de zonde blijven leven zonder zichzelf te wapenen met de waarheid, zullen de uitgedreven demonen terug komen en deze keer zullen zij met meer demonen terug keren dan eerst. In Matteüs 12:43-45, zegt Jezus ons het volgende:

> *Zodra de onreine geest van de mens is uitgevaren, gaat hij door dorre plaatsen om rust te zoeken, maar hij vindt die niet. Dan zegt hij: Ik zal terugkeren naar mijn huis, waar ik ben uitgevaren; en als hij komt, vindt hij het leegstaan en geveegd en op orde. Dan trekt hij heen en neemt zeven andere geesten mede, bozer dan hijzelf, en zij komen binnen en wonen daar. En het wordt met die mens in het einde erger dan in het begin. Alzo zal het ook gaan met dit boze geslacht.*

Demonen mogen niet zorgeloos uitgedreven worden. Bovendien, moeten de vrienden en familieleden van degene die bezeten was door demonen begrijpen dat de persoon nu veel meer zorg en liefde nodig heeft dan daarvoor. Ze moeten op hem letten in toewijding en opofferend en hem wapenen met de waarheid totdat hij volledige genezing heeft ontvangen.

5. Alles is mogelijk voor degene die gelooft

In Marcus 9:17-27 staat het verhaal van Jezus' genezing van de zoon die bezeten was door een geest die hem beroofd had van spreken en hem deed lijden aan epileptische aanvallen na het zien van het geloof van zijn vader. Laat ons in het kort bestuderen hoe de zoon genezing ontving.

De familie moet hun geloof laten zien

Een zoon in Marcus 9, was doof en stom sedert zijn geboorte omdat hij bezeten was door demonen. Hij kon geen woord verstaan en het communiceren was onmogelijk met hem. Bovendien, was het moeilijk om op te merken wanneer en waar de symptomen van epilepsie zouden gebeuren. Zijn vader, leefde daarom in angst en vrees, en alle hoop in zijn leven was verloren.

Toen hoorde de vader over een man uit Galilea die wonderen liet zien, zoals het opwekken van doden, en het genezen van verschillende ziektes. Een straal van hoop begon door te stralen door de wanhoop van de man. Als het nieuws echt waar was, geloofde de vader, dat deze man van Galilea ook zijn zoon kon genezen. Hij zocht op goed geluk, en bracht zijn zoon tot Jezus en zei tot Hem, *"Maar als Gij iets kunt doen, help ons en heb medelijden met ons!"* (Marcus 9:22).

Toen Jezus het verzoek van de vader hoorde, zei Hij, *"'Als Gij kunt?' Alle dingen zijn mogelijk voor wie gelooft"* (v. 23) en hij bestrafte de vader voor zijn kleine geloof. De vader had het nieuws gehoord maar had het niet gelooft in zijn hart. Geloof in 't algemeen kan in twee soorten worden onderverdeeld. Door "vleselijke geloof" of "geloof als kennis", kan iemand geloven in datgene wat hij ziet.

Het soort van geloof waardoor iemand kan geloven zonder te

zien is "geestelijk geloof", "levend geloof" of "geloof wat gepaard gaat met daden."Dit soort geloof kan iets scheppen vanuit niets. De definitie van "geloof" overeenkomstig de Bijbel is *"Het geloof is nu de zekerheid der dingen, die men hoopt, en het bewijs der dingen, die men niet ziet"* (Hebreeën 11:1).

Wanneer mensen lijden aan ziektes die genezen kunnen worden door mensen, kunnen zij genezen worden van hun ziekte, wanneer het vuur van de Heilige Geest die verteerd, wanneer zij hun geloof laten zien en gevuld zijn met de Heilige Geest. Wanneer een beginneling in het leven van geloof ziek wordt, kan hij genezen worden wanneer hij zijn hart opent, luistert naar het Woord, en zijn geloof laat zien. Wanneer een volwassen christen met geloof ziek wordt, kan hij genezen worden wanneer hij zich afkeert van zijn wegen door bekering.

Wanneer mensen aan een ziekte lijden, die niet genezen kan worden door de medische wetenschap, moeten zij hun geloof laten zien, welke overeenkomstig groter is. Wanneer iemand met een klein of geen geloof, ziek wordt, zal hij niet genezen totdat hem geloof gegeven wordt, en overeenkomstig de groei van zijn geloof, zal het werk van genezing gemanifesteerd worden.

Degene die lichamelijk onbekwaam zijn, wiens lichamen misvormd zijn, en erfelijke ziekte hebben, kunnen enkel genezen worden door Gods wonderen. Dus, moeten zij toewijding en geloof laten zien aan God waardoor zij Hem kunnen liefhebben en behagen. Alleen dan zal God hun geloof erkennen en genezingen laten zien. Wanneer mensen ijverig hun geloof aan God laten – zoals Bartimeüs ernstig uitriep tot Jezus (Marcus

10:46-52), zoals de hoofdman zijn geloof liet zien aan Jezus (Matteüs 8:5-13), en zoals de lamme en zijn vier vrienden hun geloof lieten zien en hun toewijding (Marcus 2:3-12) – zal God hen genezing geven.

Evenzo, daar mensen die bezeten zijn door demonen niet genezen kunnen worden zonder het werk van God en niet in staat zijn om hun geloof te laten zien, om genezing uit de hemel te laten neerdalen, moeten andere leden van hun familie geloven in de almachtige God en tot Hem komen.

Hoofdstuk 7

Naäman, het geloof en de gehoorzaamheid van de melaatse

En Naäman kwam
met zijn paarden en met zijn wagens
en hield stil bij de ingang van het huis van Elisa.
Elisa zond een bode tot hem met de opdracht:
"Ga heen en baad u zevenmaal in de Jordaan,
dan zal uw lichaam weer gezond worden en gij zult rein zijn."
Dus daalde hij af en dompelde zich zevenmaal onder
in de Jordaan, naar het woord van de man Gods;
en zijn lichaam werd weer gezond als het lichaam
van een kleine jongen, en hij was rein.

2 Koningen 5:9-10; 14

1. De melaatse generaal Naäman

Tijdens ons leven, komen wij grote en kleine problemen tegen. Op bepaalde momenten ondergaan wij problemen die boven het vermogen van de mens gaat.

In een land genaamd Aram, ten noorden van Israël, was er een bevelhebber van het leger genaamd Naäman. Hij leidde Aram's leger in overwinning tijdens de meest kritische periode van het land. Naäman hield van zijn land en diende zijn koning getrouw. Ondanks dat de koning Naäman hoog achtte, was de generaal ook wanhopig mede door een geheim wat hij had die niemand anders wist.

Wat was de oorzaak van zijn wanhoop? Naäman was in angst niet vanwege gebrek aan rijkdom of roem. Naäman was lijdend aan een ziekte en vond geen geluk in het leven, omdat hij melaats was, een ongeneselijke ziekte welke de doktoren in de tijd niet konden genezen.

Tijdens Naäman's tijd, leden mensen aan melaatsheid en werden als onrein beschouwd. Ze werden gedwongen om een geïsoleerd leven te hebben buiten de grenzen van de stad. Naäman's lijden was nog ondragelijker omdat behalve de pijn, er nog andere problemen waren die gepaard gingen met de ziekte. De symptomen van melaatsheid bevat ook vlekken op het lichaam, vooral op iemands gezicht, aan de buitenkant van zijn armen en benen, de zolen van zijn voeten en ook de afsterving van de zintuigen. In ernstige gevallen, vallen de wenkbrauwen, de vingernagels en teennagels uit en de verschijning van zo iemand wordt echt verschrikkelijk.

Toen op een dag, hoorde Naäman, die getroffen was door een ongeneselijke ziekte en niet in staat was om vreugde te vinden zijn leven, het goede nieuws. Volgens een jong meisje die gevangen genomen was uit Israël en die zijn vrouw diende, was er een profeet in Samaria die Naäman kon genezen van zijn melaatsheid. Er was niets wat hij niet zou doen om genezen te worden, dus vertelde Naäman zijn koning over zijn ziekte en wat hij gehoord had van zijn slavin. Toen hij hoorde dat zijn getrouwe generaal genezen kon worden van melaatsheid, als hij naar een profeet in Samaria zou gaan, hielp de koning Naäman en schreef zelfs een brief naar de koning van Israël in naam van Naäman.

Naäman verliet zijn land om naar Israël te gaan en nam met zich mee tien talenten zilver, zesduizend sikkels goud en tien stuks kleding en de brief van de koning, welke zei, *"Nu dan, zodra deze brief u bereikt, zie ik zend mijn dienaar Naäman tot u, opdat gij hem verlost van zijn melaatsheid"* (v. 6). Op dat moment, was de natie van Aram sterker dan Israel. Toen hij de brief van de koning van Aram las, scheurde de koning van Israël zijn kleren en zei, *"Ben ik God? Waarom stuurt hij een man naar mij toe om genezen te worden van melaatsheid? Voorzeker, let op, ziet: hij zoekt een voorwendsel tegen mij"* (v. 7).

Zodra Elisa, de profeet van Israël dit nieuws hoorde, kwam hij tot de koning en zei, *"Waarom hebt gij uw klederen gescheurd? Laat hij toch tot mij komen, opdat hij wete, dat er een profeet in Israël is"* (v. 8). Toen de koning van Israël Naäman naar Elisa's huis stuurde, ging de profeet niet naar de generaal toen, maar zei enkel door zijn boodschapper, *"Ga heen en baad u zevenmaal in de Jordaan, dan zal uw lichaam weer gezond worden en gij zult rein zijn"* (v. 10).

Hoe opgelaten moet Naäman zich gevoeld hebben, die met zijn paarden en wagens gekomen was naar Elisa's huis, om alleen maar een profeet te vinden die hem niet eens welkom hete en hem niet eens tegemoet kwam? De generaal werd boos. Hij dacht dat wanneer een bevelhebber van het leger van een vreemd land, sterker dan Israël, een bezoek bracht, de profeet hem hartelijk welkom zou heten en hem de handen op zou leggen. Maar in plaats daarvan ontving Naäman een koude receptie van de profeet en er werd hem verteld dat hij zich in een rivier die zo klein en vuil was als de rivier de Jordaan moest onderdompelen.

In een opwelling, dacht Naäman na om terug te keren naar huis, zeggende, *"Zie, ik dacht bij mijzelf, hij zal zeker naar buiten komen en daar gaan staan en de naam van de Here, zijn God, aanroepen en zijn hand over de plek heen en weer bewegen en zo de melaatsheid wegnemen. Zij de Abana en de Parpar, de rivieren van Damascus niet beter dan de wateren van Israël? Zou ik mij daarin niet kunnen baden en rein worden?"* (v. 11-12). Terwijl hij zich op maakte om terug te keren naar zijn huis, smeekten Naäman's dienstknechten hem, *"Mijn vader, had de profeet u iets moeilijks opgedragen, zoudt hij dat dan niet doen? Hoeveel te meer, nu hij tot u gezegd heeft, Baad u en gij zult rein worden?"* (v. 13). Zij spoorden hun meester aan om te gehoorzamen aan de instructies van Elisa.

Wat gebeurde er er met Naäman toen hij zich zeven maal onderdompelde in de Jordaan, zoals Elisa hem had opgedragen? Zijn huid werd weer zo rein als dat van een kleine jongen. De melaatsheid die zoveel wanhoop had bezorgd aan Naäman was volledig genezen. Toen een ziekte ongeneselijk voor mensen, volledig genezen werd door de gehoorzaamheid van Naäman aan de man van God, kwam de generaal tot de erkenning in de levende God en dat Elisa werkelijk een man van God was.

Na het ervaren van de kracht van de levende God – God de heelmeester van melaatsheid – ging Naäman terug tot Elisa, en beleed, *"Zie, nu weet ik, dat er op de gehele gehele aarde geen Gods is behalve in Israël. Neem dan een geschenk aan van uw dienaar. Maar hij zeide: Zowaar de Here leeft, in wiens dienst ik sta, ik neem niets aan. En hoewel hij bij hem aandrong, dat hij iets zou aannemen, bleef hij weigeren. Toen zeide Naäman: Indien dan niet, laat aan uw knecht een last aarde geven zoveel als een span muildieren kan dragen. Want uw knecht zal geen brandoffer of slachtoffer meer brengen aan andere goden dan aan de Here"* en God verheerlijken (2 Koningen 5:15-17).

2. Naäman's geloof en werken

Laat ons nu het geloof en de werken van Naäman bestuderen, die God de Heelmeester ontmoette en genezen werd van een ongeneselijke ziekte.

1) Naäman's goed geweten

Sommige mensen aanvaarden onmiddellijk en geloven in de wonderen van anderen, terwijl aan de andere kant, anderen er voor kiezen om onvoorwaardelijk te twijfelen en wantrouwen te hebben in andere mensen. Naäman had een goed geweten, hij had geen wantrouwen in de woorden van anderen, maar aanvaarde deze vriendelijk. Hij kon naar Israël gaan, Elisa's instructies gehoorzamen, en genezing ontvangen omdat hij het niet had genegeerd, maar er nauwlettend aandacht aan besteedt had en had geloofd in de woorden van een jong meisje die zijn vrouw diende. Toen dit jonge meisje, die gevangengenomen was uit Israël tot zijn vrouw zei, *"Was mijn heer maar bij de profeet in Samaria! Dan zou deze hem wel van zijn melaatsheid verlossen"* (v. 5) geloofde Naäman haar. Veronderstel dat u in de positie van Naäman was. Wat zou u gedaan hebben? Zou u al haar woorden zomaar hebben aangenomen?

Ondanks de voortgang van de moderne medici vandaag de dag, zijn er nog vele ziekten waarbij medicijnen volstrekt nutteloos zijn. Wanneer u anderen zou vertellen dat u genezen bent van een ongeneselijke ziekte door God of dat u genezen bent na het ontvangen van gebed, hoeveel mensen denk je zullen u geloven? Naäman geloofde de woorden van het jonge meisje, ging naar de koning toe om toestemming te vragen, ging naar Israël en ontving genezing van zijn melaatsheid. Met andere woorden, Naäman had een goed geweten, hij kon de woorden van het jonge meisje aannemen toen zij aan hem het evangelie bracht en handelde overeenkomstig. We moeten beseffen dat wanneer wij het evangelie verkondigen, wij antwoord kunnen ontvangen op onze problemen, wanneer wij geloven in de prediking en tot God komen zoals Naäman dat deed.

2) Naäman vernietigde zijn gedachten

Toen Naäman naar Israel ging met behulp van zijn koning en aankwam bij het huis van Elisa, de profeet, die melaatsheid kon genezen, ontving hij een koude receptie. Hij werd klaarblijkelijk boos toen Elisa, die in de ogen van de ongelovige Naäman totaal geen roem of sociale status had, een getrouwe knecht van de koning van Aram niet verwelkomde, en zei tot Naäman – via zijn boodschapper – om zichzelf zeven keer te baden in de rivier de Jordaan. Naäman was kwaad, omdat hij persoonlijk door de koning van Aram gezonden was. Bovendien, legde Elisa niet eens zijn handen op de vlek maar zei in plaats daarvan tot Naäman, dat hij gereinigd kon worden wanneer hij zichzelf zou baden in een rivier die zo klein en vuil was als de rivier de Jordaan.

Naäman werd boos op Elisa en de handelingen van de profeet, welke hij niet kon begrijpen met zijn eigen denken. Hij bereidde zichzelf voor om terug naar huis te reizen, denkende dat er vele andere grote en reinere rivieren in zijn land waren en dat hij gereinigd zou worden als hij zich zou baden in een van die rivieren. Op dat moment, sporen de dienstknechten van Naäman hun meester aan om Elisa te gehoorzamen en zichzelf te baden in de rivier de Jordaan.

Omdat Naäman een goed geweten had, handelde de generaal in zijn gedachten niet maar besloot in plaats daarvan om te gehoorzamen aan de instructies van Elisa, en maakte zich op om naar de Jordaan te gaan. Onder mensen met een sociale status zoals die van Naäman, hoevelen van hen zouden zich bekeren en gehoorzamen, omdat hun dienstknechten of degene in een lagere positie dan zij zijn daarom smeken.

Zoals we kunnen lezen in Jesaja 55:8-9, *"'Want Mijn gedachten zijn niet uw gedachten en uw wegen zijn niet mijn wegen,' luidt het woord des Heren. 'Want zoals de hemelen hoger zijn dan de aarde, zo zijn mijn wegen hoger dan uw wegen en mijn gedachten dan uw gedachten'"* wanneer wij vasthouden aan de gedachten en theorieën van mensen, kunnen wij het woord van God niet gehoorzamen. Laat ons kijken naar het einde van koning Saul die ongehoorzaam was aan God. Wanneer wij ons verenigen met menselijke gedachten, en niet de wil van God gehoorzamen, is dat een handeling van ongehoorzaamheid en wanneer wij falen in het erkennen van onze ongehoorzaamheid, moeten wij herinneren dat God ons zal verlaten en ons zal verwerpen zoals koning Saul door Hem verlaten werd.

We lezen in 1 Samuel 15:22-23, *"Maar Samuel zeide: Heeft de Here evenzeer welgevallen aan brandoffers en slachtoffers als aan horen naar des Heren stem? Zie, gehoorzamen is beter dan slachtoffers, luisteren beter dan het vette der rammen. Voorwaar, weerspannigheid is zonde der toverij en ongezeglijkheid is afgoderij en dienen van terafim. Omdat gij het woord des Heren verworpen hebt, heeft Hij u verworpen, zodat gij geen koning meer zult zijn."* Naäman dacht twee keer na en besloot om zijn eigen denken te vernietigen en de instructies van Elisa, een man van God op te volgen.

Evenzo, moeten wij ons herinneren dat wij alleen maar de verlangens van ons hart kunnen bereiken wanneer wij elke ongehoorzaamheid uit ons hart verwerpen en ons hart laten veranderen in gehoorzaamheid overeenkomstig de wil van God.

3) Naäman gehoorzaamde het woord van de profeet

Volgende de instructies van Elisa, ging Naäman in de rivier de Jordaan en baadde zichzelf. Er waren vele andere rivieren die breder en schoner waren dan Rivier de Jordaan, maar Elisa's instructies waren om naar de Jordaan te gaan, omdat dit ook een geestelijke betekenis had. De rivier de Jordaan, symboliseert redding, terwijl water het woord van God symboliseert, dat de mensen reinigt van zonde en hen toe staat om redding te bereiken. (Johannes 4:14). Dat is de reden waarom Elisa wilde dat Naäman zich zou baden in de rivier de Jordaan, die hem tot redding zo leiden. Ongeacht hoe groot en rein andere rivieren mogen zijn, ze leiden de mensen niet tot redding, en hebben niets te doen met God, en kan in die waters Gods werk dus niet geopenbaard worden.

Zoals Jezus ons zegt in Johannes 3:5, *"Voorwaar, voorwaar, Ik zeg u, tenzij iemand geboren wordt uit water en Geest, kan hij het koninkrijk Gods niet binnengaan."* Door zichzelf te wassen in de rivier de Jordaan, werd een pad geopend voor Naäman om vergeving van zijn zonden te ontvangen en redding, en de levende God te ontmoeten.

Waarom moest Naäman zich dan zeven keer baden? Het getal "7" is een volledig nummer welke volmaaktheid symboliseert. Door Naäman te instrueren om zichzelf zeven keer te baden, zei Elisa eigenlijk tot de generaal dat hij vergeving zou ontvangen voor zijn zonden en volledig in het woord van God zou verblijven. Alleen dan zal God voor wie alle dingen mogelijk zijn, Zijn werk van genezing tonen en elke ongeneselijke ziekte genezen.

Daarom leren we dat Naäman genezing ontving van zijn melaatsheid, waartegen zowel medicijnen als de macht van mensen nutteloos waren, omdat hij gehoorzaamde aan het woord van de profeet. De schrift is hier heel duidelijk over, *"Want het woord Gods is levend en krachtig en scherper dan enig tweesnijdend zwaard en het dringt door, zo diep, dat het vaneen scheidt ziel en geest, gewrichten en merg en het schift overleggingen en gedachten des harten; en geen schepsel is voor Hem verborgen, want alle dingen liggen open en ontbloot voor de ogen van Hem, voor wie wij rekenschap hebben af te leggen"* (Hebreeën 4:12-13).

Naäman ging tot God, voor Wie niets onmogelijk is, vernietigde zijn eigen denken, bekeerde zich en gehoorzaamde Zijn wil. Terwijl Naäman zich zeven keer onderdompelde in de rivier de Jordaan, zag God zijn geloof, genas hem van zijn melaatsheid, en Naäman's huid werd hersteld en werd zoals dat van een kleine jonge.

Door een klein stuk van de gebeurtenis te laten zien, kunnen we zien dat de genezing van melaatsheid enkel mogelijk was door

Zijn kracht. God zegt ons dat elke ongeneselijke ziekte genezen kan worden wanneer wij Hem behagen met ons geloof, welke samengaat met werken.

3. Naäman geeft glorie aan God

Nadat Naäman genezen was van zijn melaatsheid, ging hij terug naar Elisa, en beleed, *"Nu weet ik dat er geen andere God in de wereld is, behalve de God van Israel... uw dienstknecht zal nooit meer een brandoffer brengen of offeren aan andere goden, behalve aan de Here"* (2 Koningen 5:15-17) en gaf God alle glorie.

In Lucas 17:11-19 staat het verhaal van tien mensen die Jezus' ontmoetten, en genezen werden van melaatsheid. Slechts een van hen kwam terug tot Jezus, prees God met een luidde stem en wierp zichzelf aan de voeten van Jezus om Hem te danken. In Vers 17-18, vroeg Jezus aan de man, *"Zijn niet alle tien rein geworden? Waar zijn de negen anderen? Waren er dan geen anderen om terug te keren en God eer te geven, dan deze vreemdeling?"* In het volgende vers 19, zei Hij tot de man, *"Sta op, ga heen, uw geloof heeft u behouden."* Wanneer wij genezing ontvangen door de kracht van God, moeten wij niet alleen God de glorie geven, Jezus Christus aannemen, redding bereiken, maar ook leven door het Woord van God.

Naäman had het soort van geloof en daden waardoor hij

genezen kon worden van melaatsheid, een ongeneselijke ziekte in zijn tijd. Hij had een goed geweten om te geloven in de woorden van een jonge dienstmaagd die als gevangene was meegenomen. Hij had het soort geloof waardoor hij bereid was om een kostbaar geschenk voor te bereiden voor de profeet. Hij toonde de handeling van gehoorzaamheid ondanks dat de instructies van de profeet Elisa niet overeenkwamen met zijn gedachten.

Naäman, een heiden, leed eens aan een ongeneselijke ziekte, maar door zijn ziekte ontmoette hij de levende God en ervoer het werk van genezing. Iedereen die tot de almachtige God komt en zijn geloof en daden laat zien, zal antwoord ontvangen op al zijn problemen ongeacht hoe moeilijk zo ook mogen lijken.

Ik bid dat u het kostbare geloof mag bezitten, dat u geloof met daden zal laten zien en antwoord zal ontvangen op al uw problemen in het leven, en een gezegende heilige mag worden die God de glorie geeft in de naam van onze Heer!

De auteur:
Dr. Jaerock Lee

Dr. Jaerock Lee werd geboren in Muan, Provincie Jeonnam, Republiek van Korea, in 1943. In zijn twintiger jaren, leed Dr. Lee aan verschillende ongeneeslijke ziektes gedurende zeven jaar en wachtte op zijn dood zonder enige hoop op herstel. Op een dag in de lente van 1974, echter, werd hij naar een kerk geleid door zijn zuster en toen hij neerknielde om te bidden, genas de levende God hem onmiddellijk van al zijn ziektes.

Vanaf die tijd, ontmoette Dr. Lee de levende God door deze wonderlijke ervaring, hij heeft God lief met zijn hele hart en in oprechtheid, en in 1978 werd hij geroepen om een dienstknecht van God te zijn. Hij bad vurig zodat hij duidelijk de wil van God kon begrijpen en deze volledig te vervullen en alle woorden van God te gehoorzamen. In 1982, richtte hij de Manmin Kerk op in Seoul, Zuid-Korea, en ontelbare werken van God, inclusief wonderlijke wonderen van genezing en tekenen, hebben plaats gevonden in zijn kerk.

In 1986, werd Dr. Lee aangesteld als een voorganger in de jaarlijkse vergadering van Jezus' Sungkyul Gemeente van Korea, en 4 jaar later in 1990, werden zijn boodschappen uitgezonden in Australië, Rusland, de Filippijnen en nog meer landen door het Verre Oosten Televisie Bedrijf, het Televisie Bedrijf Azië, en het Washington Christelijke Radio Systeem.

Drie jaar later in 1993, werd de Manmin Centrale kerk uitgekozen tot een van de "werelds top 50 kerken" door het *Christian World* magazine (US) en hij ontving een Ere doctoraat van Godgeleerdheid van het Christian Faith College, Florida, USA, en in 1996 een Dr. in de Bediening van Kingsway Theologische Seminarium, Iowa, USA.

Sinds 1993, heeft Dr. Lee de leiding genomen in de wereld zending door vele overzeese campagnes in Tanzania, Argentinië, L.A., Oeganda, Japan, Pakistan, Kenia, de Filippijnen, Honduras, India, Rusland, Duitsland, Peru, Democratisch Republiek van Kongo, en Israël en Estonia.

In 2002 werd hij een "wereldwijde opwekkingsprediker" genoemd door een groot Christelijk Nieuwsblad in Korea, vanwege zijn krachtige bedieningen tijdens buitenslands campagnes. Vooral, zijn "New York campagne in 2006" welke gehouden werd in de Madison Square Garden, de beroemdste arena ter wereld, werd uitgezonden in meer dan 220 naties, en zijn 'Israel Verenigde Campagne in 2009' welke gehouden werd in het International Convention Center in Jeruzalem, waar hij vrijmoedig Jezus Christus verkondigde als de Messias en Redder. Zijn boodschap werd uitgezonden in 176 landen via satelliet inclusief GCN TV en hij stond op de Top 10 lijst als zijnde een van de meest invloedrijke Christelijke leiders van 2009 en 2010, door een bekend Russisch Christelijke magazine *In Victory* en nieuwe bureau *Christian Telegraph* voor zijn krachtige TV uitzendingen en buitenlandse kerk-en pastorbediening.

Vanaf maart 2017, is de Manmin Central Church een gemeente met meer dan 120,000 leden en 11,000 binnenlandse en buitenlandse aftakkingen van de kerk over de hele wereld, inclusief 56 binnenlandse dochtergemeenten, en heeft meer dan 102 zendelingen uitgezonden naar 23 landen, inclusief de Verenigde Staten, Rusland, Duitsland, Canada, Japan, China, Frankrijk, India, Kenia, en veel meer.

Tot de datum van deze publicatie, heeft Dr. Lee 107 boeken geschreven, inclusief bestsellers als *Het Eeuwige Leven Smaken voor de Dood, Mijn Leven, Mijn Geloof I & II, De Boodschap van Het Kruis, De Mate van Geloof, De Hemel I & II, De Hel,* en *De Kracht van God,* en zijn werken zijn vertaald in meer dan 76 talen.

Zijn christelijke columns verschijnen in *The Hankook Ilbo, The JoongAng Daily, The Dong-A Ilbo, The Chosun Ilbo, The Seoul Shinmun, The Kyunghyang Shinmun, The Korea Economic Daily, The Korea Herald, The Shisa News,* en *The Christian Press.*

Dr. Lee is tegenwoordig oprichter en president van een aantal zendingsorganisaties en verenigingen: evenals voorzitter, De Verenigde Heiligheid Kerk of Jezus Christus; Blijvend President, Van de Wereld Christelijke Opwekkingsvereniging; Oprichter en bestuursvoorzitter, Wereld Christelijke Netwerk (GCN); Oprichter en Bestuursvoorzitter, De Wereld Christen Doktors Netwerk (WCDN); en Oprichter en Bestuursvoorzitter, Manmin Internationale Seminarium (MIS).

Andere krachtige boeken van dezelfde auteur

De Hemel I & II

Een gedetailleerde weergave van de prachtige leefomgeving waar de hemelburgers van zullen genieten en een mooie beschrijving van de verschillende niveaus van hemelse koninkrijken.

De Boodschap van Het Kruis

Een krachtige boodschap voor alle mensen om degene wakker te maken die geestelijk slapen! In dit boek kan je de reden vinden waarom Jezus de enige Redder is en de ware liefde van God.

De Hel

Een ernstige boodschap voor de gehele mensheid van God, die wenst dat niet een ziel valt in de diepten van de hel! U zult ontdekken de nooit-eerder-geopenbaarde weergave van de wrede realiteit van het Onder Graf en de Hel.

Geest, Ziel en Lichaam I & II

Een gids welke ons geestelijk begrip geeft van geest, ziel en lichaam en ons helpt om te ontdekken wat voor soort "zelf" wij hebben gemaakt, zodat wij de kracht kunnen verkrijgen om de duisternis te vernietigen en een geestelijk persoon kunnen worden.

De Mate van Geloof

Wat voor soort verblijfplaats, kroon en beloningen zijn er voor u voorbereid in de hemel? Dit boek is voorzien van wijsheid en leiding om uw geloof te meten en te ontwikkelen tot het beste en meest volwassen geloof.

Maak Israël Wakker

Waarom heeft God Zijn ogen over Israel bewaard vanaf de grondlegging der wereld tot op vandaag? Welke voorziening heeft Hij voorbereid voor Israel in deze laatste dagen, die op de Messias wacht?

Mijn Geloof, Mijn Leven I & II

Een zeer welriekende geestelijke geur onttrokken uit het leven dat bloeide met een onmetelijke liefde voor God, te midden van de donkere golven, koud juk en de diepste wanhoop.

De Kracht van God

Een boek wat gelezen moet worden, welke dient tot een noodzakelijke handleiding waardoor iemand echt geloof kan bezitten en de wonderlijke kracht van God kan ervaren.

www.urimbooks.com

www.ingramcontent.com/pod-product-compliance
Lightning Source LLC
LaVergne TN
LVHW041710060526
838201LV00043B/655